高等职业教育公共基础课系列教材

中国特色高水平高职学校建设成果

职业生涯规划与人际关系

——基于先天特质沙盘实践教学应用

主　编　王小锋　黄宝珠

副主编　杨红丽　韩　静　王　欣

西安交通大学出版社
XI'AN JIAOTONG UNIVERSITY PRESS
国家一级出版社
全国百佳图书出版单位

图书在版编目(C I P)数据

职业生涯规划与人际关系:基于先天特质沙盘实践教学应用 / 王小锋,黄宝珠主编. —西安:西安交通大学出版社,2022.6

ISBN 978-7-5693-2631-4

Ⅰ.①职… Ⅱ.①王…②黄… Ⅲ.①大学生-职业选择 Ⅳ.①G647.38

中国版本图书馆 CIP 数据核字(2022)第 093497 号

书　　名 职业生涯规划与人际关系——基于先天特质沙盘实践教学应用
Zhiye Shengya Guihua yu Renji Guanxi——Jiyu Xiantian Tezhi Shapan Shijian Jiaoxue Yingyong

主　　编 王小锋　黄宝珠

副 主 编 杨红丽　韩　静　王　欣

策划编辑 曹　昳

责任编辑 曹　昳　王　帆

责任校对 张静静

出版发行 西安交通大学出版社
(西安市兴庆南路 1 号　邮政编码 710048)

网　　址 http://www.xjtupress.com

电　　话 (029)82668357　82667874(市场营销中心)
(029)82668315(总编办)

传　　真 (029)82668280

印　　刷 西安五星印刷有限公司

开　　本 787 mm×1092 mm　1/16　　**印张** 8.5　　**字数** 200 千字

版次印次 2022 年 6 月第 1 版　2022 年 6 月第 1 次印刷

书　　号 ISBN 978-7-5693-2631-4

定　　价 37.50 元

如发现印装质量问题,请与本社市场营销中心联系。
订购热线:(029)82665248　82667874
投稿热线:(029)82668804
读者信箱:phoe@qq.com

序

当前的大学生，明显存在一些缺乏自我认知的现象。作为有独立生存能力的社会人，很多高校学生却呈现出目标模糊、迷茫失落的状态，这一切都源于对自己的认识不够，不知道“我是谁”，不知道“我要做什么、该做什么，如何与人交流沟通”。

正确地认识自我是一个人迈向成功职业生涯的关键一步，一个人如果无法正确地、充分地认识自己，所有的努力都只能是符合他人的期望和要求，而与自己的内心状态格格不入。因此，只有通过认识自我，了解自己的内在需求，个人的潜能才会得以充分发挥。这样，自己才会对所从事的职业感兴趣，施展自己的才华，发挥自己的优势，很快地适应工作环境，在工作中游刃有余。

只有真正深入地了解了自我，才能选择正确的职业定位，进而在个人的职业生活和发展中取得成功。作为毫无职业经验的在校大学生，只有通过进一步认识真实的自我、发掘长处、找出不足，才可以更加理智、更加科学地规划自己的职业生涯。在求职过程中，如果个人对自己的主观评价与社会对自己的客观评价趋于一致，就容易成功；如果主观评价偏高于客观评价，往往会导致碰壁、失败；如果主观评价偏低于客观评价，则会造成信心不足、犹豫不决，很可能会错失良机。因此，认知自我是成功地走向社会的必要条件。

只有充分认知自我，才能更好地提升自己。在当前竞争环境如此激烈的情况下，个人的时间与精力毕竟有限，只有充分认识了自我，找准自己需要提升的方面，才能使自己获得更快速的发展，才能更好地立足社会。

在当下就业形势严峻、压力巨大的情形下，国家又号召“大众创业，万众创新”，为了保证大学生有为、有位，恳切地希望全社会各领域都能重视大学生的自我认知、职涯规划，扬长避短，实现高效沟通、和谐共处。

是为序。

编者

2022 年 3 月

前言

先天特质沙盘围绕心智结构图，以先天特质人格测评基本内容为基础，提升知己识人能力，以训练人际沟通、职场沟通为目标，借助老虎、海豚、企鹅、蜜蜂、八爪鱼五种动物形象定义人类行为特质，利用沙盘盘面和知识卡片、案例视频、互动演练及桌游模拟等形式，直观形象地引导与训练不同人群进行自我认知、职业规划和高效沟通。本课程借助先天特质沙盘，集知识性、科学性、趣味性于一体。

传统沙盘呈现专业知识和技能，帮助学生巩固理论，提升技能；新道师资培训学院首创以启迪心智、训练素质为主要内容的先天特质沙盘，以图改变就业指导类课程的授课现状。通过先天特质沙盘的学习，可以帮助本科、高职、中职院校不同年级、不同专业的在校大学生达到认知自我特质、找到个人先天优势的目的；知晓个人特质与未来想从事的工作岗位的匹配度，做好职业生涯规划；准确地知己识人，修炼沟通艺术，掌握不同职场情境沟通方式。本课程可以帮助高校教师深刻了解学生，掌握学生生态构成，从而做到因材施教，优化课程体系，指导就业。

本书对《先天特质沙盘——人性、职涯与沟通解析》(2018年出版)中认知自我、职涯规划与高效沟通方面的知识进行了扩充，涉及心理健康、人性、人格、职业、生涯、职涯、人际沟通、沟通技巧等方面的基础理论知识。本书增加了训练活动、角色扮演等内容，方便学生深入了解他人、认知自我、规划职涯、高效沟通。同时引鉴了大学生心理健康教育、职业生涯规划、人际沟通技巧、大学生创新创业等课程教学成果，可以帮助学生实现认知自我、规划职涯、高效沟通。

本书由延安职业技术学院王小锋、新道师资培训学院黄宝珠担任主编；延安职业技术学院杨红丽、韩静，新道师资培训学院王欣担任副主编。本书的编写借鉴和引用了国内外大量的研究成果，在此对他们表示最诚挚的感谢和敬意。感谢本书所有的参编人员。

由于编写时间仓促，加之编者水平有限，书中疏漏与不当之处在所难免，敬请广大读者批评指正。

编者

2021 年 7 月

目 录

总结分享篇——学以致用　解决问题

实践训练篇——特质沙盘　沟通实务

人性解析篇

认知自我　实现价值

内容提要

“认知自我”这句镌刻在古希腊德尔斐城那座神庙里唯一的碑铭，犹如一把千年不熄的火炬，表达了人类与生俱来的内在要求和至高无上的思考命题。当我们避开外界的喧嚣，静下心来，常常发现令我们困惑最多的不是别人而是自己。尤其是在青年时期，也许你会在宁静的夜晚，仰望着深邃的天空，扪心自问：“我究竟是一个怎样的人？在大社会里、小环境中我究竟处在什么样的位置？我应当成为怎样的一个人呢？我怎样改变现状成为理想中的那种人呢？”其实，这些都属于认知自我的范畴。

学习目标

1. 了解自我意识结构，掌握认知方法。
2. 熟悉自我价值内涵，完善自我价值。
3. 了解自我人格特质，塑造成熟心智。
4. 熟悉五种动物的人格特质、行为细则。

能力目标

1. 能够清楚地了解自己的先天优势和劣势，知道如何扬长避短。
2. 认知自我特质，找到个人先天优势。
3. 能够区分五种动物的人格特质、行为细则。

思政目标

1. 自知自省，立己达人。
2. 在一点一滴的生活中知敬畏、明方向。
3. 在自省中自警，在自知中笃行。
4. 正确认识自我、欣赏自我、悦纳自我。
5. 利用成长机会，改进自我、完善自我。
6. 悉心照料自我，发挥自我功能。
7. 树立正确的三观，传播正能量。
8. 形成适应社会的良好人格。
9. 完善自我人格，更好地适应社会。
10. 培养应对现实的调控能力。

任务一　欣赏自我　悦纳自我

斯芬克斯之谜

古希腊有个传说。在一个王国城堡的附近有个女魔叫斯芬克斯。她整天守着那条过往行人必经的路，让人猜一个谜语："什么东西早上是四条腿，中午是两条腿，傍晚是三条腿。"如果行人不能猜出谜底，就会被她吃掉；如果猜出来了，她自己就会死去。很多人都因猜不出谜底而死，城堡陷入了一片恐惧。终于有一天，一个叫俄狄浦斯的年轻人来到了斯芬克斯的面前，说出了谜底——人。斯芬克斯因此而死，而这个谜语也流传了下来。

所谓"当局者迷"，应是神话中遭遇厄运者的最好哀悼吧！"斯芬克斯之谜"，可能对于今天的我们已不是一个难题，而它所暗含的误区，却是不分时代、不分民族、不分老幼、不分性别地存于我们每个人中，我们很多时候认不出自己，也很难看清自己。

渴望了解自我是人天生的需要，因为只有了解自我，了解了真正的需求和愿望，才可以在现实中找到方向，领略生活的真谛，明白生命的意义，才可以在我们走得很累很辛苦的时候，也不觉得委屈与懊悔；也只有了解了自我，才可以撕去太多的因所谓"生活"而戴上的种种"面具"，享受清静与安宁！一个人如果不能真正了解自身，纵使忙碌不停，终是茫然痛苦；纵使优裕富足，终是难耐空虚……

一、自我意识

（一）自我意识的内涵

自我意识是一个人在社会化过程中逐步形成和发展起来的，是对自我以及自己与周围环境的关系所进行的一种多方面、多层次、多维度的认识，是一种复杂的心理系统。

自我意识的形成是人类区别于动物的一个重要标志，是人类特有的一种心理活动。动物的心理只能反映周围的环境，或指向躯体的某些部位；而人不但认识了自然界，还全面地认识了自我，并且可以对自我和环境予以改造。

自我意识是人拥有自觉性、自控力的前提，对自我教育有推动作用。人只有意识到自己是谁、应该做什么，才会自觉自律地开始和坚持正确的行动，并且有毅力抵制诱导个体偏离正确方向的诱惑。人只有意识到自己的长处和不足，才有助于其更好地发扬优点、克服缺点，达到自我教育的积极效果。总之，自我意识使人不断地自我监督、自我修正、自我完善。

（二）自我意识的结构

自我意识，不是一种单一的心理品质，而是认识、情感、意志的融合体，是一个完整的心理结构。自我意识的结构也正是从自我意识的三层次，即知、情、意三方面分析的，它由自我认知、自我体验和自我调节（或自我控制）三个子系统构成。因此，自我意识也叫自我调节系统。

自我认知是主观自我对客观自我的认知，是自我意识的认知成分。它包括自我感觉、自我概念、自我观察、自我分析、自我评价。自我认知是自我意识的基石，在调整自己的言行以及自己与周围的关系中起着重要的作用。

自我体验是伴随自我认知而产生的内心体验，是自我意识的情感成分，即主我对客我所持有的一种态度。这种态度有积极的，如自尊、自爱、自信、自豪、自我价值感、成就感等；也有消极的，如自傲、自卑、内疚、羞耻感等。

自我调节是对自己的思想、言行进行调节控制，以达到自我期望的目标。自我调节是自我意识的意志成分，是自我意识发展水平的最终体现，包括自立、自主、自我约束、自我激励、自我暗示等，其核心是"我应该怎么做""我应该成为什么样的人"。自我调节主要表现为个人对自己的行为、活动和态度的调控。

自我意识从内容上可以分为生理自我、社会自我、心理自我三个层次，它们之间相互联系、相互影响，它们都包含着自我认识、自我体验和自我调节。我们可以通过正确的自我认知、积极的自我提升、客观的自我评价，关注自我成长，完善自我意识。

（三）自我意识的完善

1. 积极悦纳自我

悦纳自我就是要无条件地接受自己的一切，好的和坏的、成功的和失败的，接纳自己的缺点和不足，欣赏自己的优点。要喜欢自己，肯定自己的价值，对自己有

价值感、自豪感、愉快感和满足感。要接纳自己的不完善和失败，接纳自己的不完善是自信的表现，也是完善自我的起点。珍惜自己的独特性，建立实际的目标，不对自己有过高的要求，扩大社交范围，不为讨他人喜欢而去做事，积极思考，善用时间，不断学习，定期反省个人的自我成长，多对自己的成就做出鼓励和奖赏。

2. 有效控制自我

自我控制是个人主动地走向改变自己的心理品质、特征及行为的心理过程，是大学生健全自我意识，完善自我的根本途径。很多大学生对自我抱有很高的期望，但因为没有足够的自制能力和意志，经受不住挫折和打击，无法实现自我理想。而那些自卑自怨、自暴自弃的学生更是因为自己无法控制自身的不良情绪，使自己偏离了健全自我意识的轨道。高职高专学生应根据自己的实际情况和社会需要，确立合理的目标，通过自我奋斗，最终达到利国、利民、利己的自我实现和自我成功。

3. 不断超越自我

每个大学生都有伟大的抱负和远大的理想。古人说得好，要“齐家、治国、平天下”须从“修身、养性”开始，即从点滴小事开始，从积极行动开始，行知并重。要想运动健身，就坚持练习自己喜欢的体育运动；要想开阔思路，就多读书，多听讲座。在行动时，无论对人对事，均全力以赴，使自己的能力品性得到最大限度的发挥。行动之后再反省得失原因，再度投入行动，吸取教训作为经验，一旦有成果，再反省总结。如此往复进行，对自我的认识便一步一步地得到扩展和深化，自我的境界也就自然而然地得到开拓与提升。

训练活动

1. 您了解真实的自己吗？请完成个性特点九宫格。

爱好	梦想	最值得 纪念的人
特长	姓名 用三个词语 概括自己	最难忘的 事情
专业	最有成就 的事情	选择本课程 的目的

2.假设有一座美丽的海岛，在海岛上衣食无忧，水果美食尽情享用，有电影院、五星级酒店。您一个人愿意在那里享受30天的寂静吗？

____

____

____

____

二、自我认知

（一）自我认知的内涵

从心理学角度来讲，自我认知是自我意识的首要成分，也是自我调节控制的心理基础。人贵有自知之明，正确地认识自我是非常重要的。个体对自己存在的觉察，觉察到自己的一切而区别于周围其他的物与其他的人，这就是自我。认知中的“认”有认识、辨别之意，“知”有知道、了解之意。自我认知就是个体对自身的辨认、了解、综合评价的过程。在这个过程中，“我”既是主体又是客体。美国著名心理学家威廉·詹姆斯认为“自我”主要有四个层面：物质自我是其他自我的载体，是一个人对自己身体层面的认识和看法；心理自我是一个人的态度、信念、价值观及人格特征的总和；社会自我是个人扮演的生活角色，在生活中的责任、义务、名誉以及他人对自己的态度，是自我概念的核心，精神自我即期待自己是怎样的人，是想象、描绘中的自我，精神自我与现实自我的差距是奋进与彷徨的重要原因。

自我认知是个人通过生活经验，了解自己的兴趣、价值观、需要以及各种有助于事业成功发展的素质的过程。这一过程兼有自我评价和自我建设的作用，着眼于在评价的基础上改进和提高，是一种积极的、发展的探索，也是人对自己及其外界关系的认识，认识自己和对待自己相互统一。自我认知包括认识自己的性格、兴趣、特长、智能、情商、气质、价值观等，囊括了威廉·詹姆斯的“自我”四层面。

（二）自我认知的意义

(1)只有当你对自己有一个准确的定位，深入分析、了解自己的性格、能力、兴趣和价值观之后，你才能正确处理好与他人、社会的关系，从而实现自我价值，创造更多的社会财富，获得自我人生幸福，促进自身的发展。

(2)只有正确地认识自我，才能制订出适合个人实际的职业生涯规划，才能发挥规划的导向作用，为自己的人生发展提供切实可行的指导。如果一个人不能正确地认识自我，就不能全面了解自己，就容易导致自我盲目性和片面性，错误地选择不适合自己的职业，勉为其难或不情愿地从事该项工作，就很难实现接受自我和超越自我。同时，自我接受是自我超越的前提，只有以自我接受为前提，发展的路上才能有的放矢、事半功倍，顺利实现自我超越。

(3)只有正确地认知自我，就业才有正确的方向、明确的目标。在职业生涯中，大学生首先要做的就是，尽量使自己的人格类型和职业类型相匹配，包括性格与职业匹配、兴趣与职业匹配、价值观与职业匹配等。若大学生对自我认识不清楚、不准确，自制力不强，不能正确对待自我与外部世界的关系，就会导致误判自我，或自负、或自卑、或与社会对立，形成错误的择业心理，影响就业。

（三）自我认知的方法

1. 以人为镜，自我认知

以他人为镜认知、评价自己，并不是指别人对自己的某一评价，主要是指从对自己有影响的、关系较为密切的周围人的一系列评价中概括出来的某些经常的、稳固的认知与评价，这才是自我认知的基础。

2. 通过自省，自我认知

曾子曾经说过："吾日三省吾身。"自省的目的就是让今后的言行不出错，至少是少出错。既要通过回顾过去的经历，对自己的想法、期望、品德、行为等进行理性的思考、认识和评价，也要在现实的学习、工作和生活实践中，经常反思和检查自我，注意比较其效果优劣，明确自己的优、缺点，合理地发挥自己的特长，从而加深对自我的认识。

3. 与人比较，自我认知

"以人为鉴，可以明得失"。一个人对自己的认识，可以通过与他人能力和条件的比较而获得。经常思考自己与他人的异同，有利于深入地认识自我。与他人进行比较时，要注意挖掘自身的相对优势，即挖掘与他人相比较时自身呈现出来的更高的觉悟、更强的能力、更高的本领、独具的特长和发展的潜力。比较时应以客观事实为依据，否则就会陷入盲目自大、自欺欺人的境地。

4. 总结经验，自我认知

每个人只要对曾经做过的事情进行总结，吸取经验教训，就会更深地认知自我。阅历越深越能自知，就是这个道理。

5. 心理测验，自我认知

心理测验能够更好地帮助个人进行自我认识、自我发现和自我探索。大学生可以通过心理测验了解自己的兴趣、气质、性格、能力、价值观等个性特征，做好求职择业的心理与行为准备。

6. 橱窗区域，自我认知

心理学家鲁夫特与英格汉提出“周哈里窗(Johari Window)”模式(图1－1－1)，“窗”是指一个人的心就像一扇窗，周哈里窗展示了关于自我认知、行为举止和他人对自己的认知之间在有意识或无意识的前提下形成的差异，由此分割为四个范畴：一是面对公众的自我塑造范畴；二是被公众获知但自我无意识范畴；三是自我有意识在公众面前保留的范畴；四是公众及自我两者无意识范畴，人的心理也是如此。因此，人的内在被分成四个部分：公开区、盲区、隐藏区、未知区。

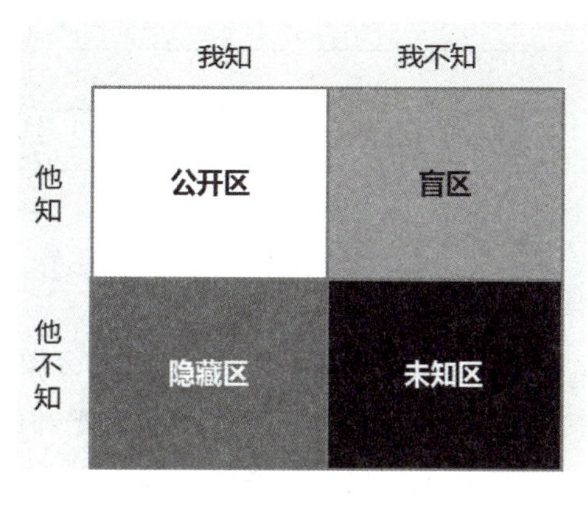

图1－1－1 “周哈里窗”模式

希望个人能清楚掌握自己的四个部分，透过自我省察、自我坦诚、他人的反馈等方式，使公开区越来越大，而其他三部分越来越小。

自我给予：周哈里窗的研究目的是通过缩小自我认知的私人领域，扩大公众领域，消除人与人之间因为认知的差异带来的误解。具体描述就是通过向对方讲述自我保留的东西而减少不必要的精力和时间的消耗。通俗地说就是坦诚相待。

他人反馈：通过他人直接表达对自我无意识领域的认知，赢得了更好地了解自我的可能性，从而使自我无意识转向有意识的公众领域。

三个领域的互动，缩小私人领域，缩小自我盲点，扩大公众领域可以帮助自我与他人形成更好的交流环境。

训练活动

周哈里窗四个区哪个区越大越好？扩大自己公开区的方法和措施有哪些？

①分析探索自己“周哈里窗”的四个区，找出隐藏区、未知区，指出可以变成公开区的内容。

②小组讨论找出盲区，指出可以变成公开区的内容。

____

____

____

____

____

____

____

____

三、自我价值

（一）自我价值的内涵

自我价值是指在个人生活和社会活动中，自我对社会做出贡献，而后社会和他人对自我作为人的存在的一种肯定关系，包括人的尊严和保证人的尊严的物质精神条件。自我价值的实现必然要以对社会的贡献为基础，以答谢社会为目的。人类是在需要、互助中得以发展生存的。

（二）自我价值的体现

自我价值在最初是通过父母的接纳、肯定、承认、赞美、表扬、鼓励等方式逐渐建立起来的，其核心是自尊。当人的自我价值感很强的时候，人会表现出自我完善的欲望，表现出向上向善的本性；当自我价值为零的时候，人会启动自我毁灭程序。人一生中需要通过自我认知、自我展现、社会认同等来提升自我价值。

（三）自我价值的建立

一个人的自我价值是在成长过程中建立起来的。在孩童阶段，身边的成人如何引导他去理解每一件事和做出反应的行为，决定这个人能否培养出足够的自我价值。自我价值是理解层次中“身份”的衡量面，就像一栋房子的高低，或者一个面包的重量。自我价值并不明确，但是可以由一个人的生活多么成功快乐而测知。身份是在个人方面最高的层次（精神是本人与世界的关系），故此，自我价值也是一个人的最高、最重要的本质，就像一颗钻石的本体质素，身份就是整颗钻石。钻石的多个面，向不同的方向反射出钻石的本体质素的光芒，就如一个人生活中的多个角色，其实都是这个人的自我价值的反射面。自我价值（身份）决定了一个人所有的信念、价值和规则，也因此包括它们的全部。

自我价值在潜意识的深层之中，用文字不容易描述和理解，用比喻和例证较为容易。当一个人意识到自我价值不足时，他便已经开始了提升之路，因为潜意识已因此而存有对比、反省的能力。

四、心智结构

人的想法、做法、观念等都会受心智结构影响，在人的成长中，在大学生的创业就业过程中，心智结构是决定成功与否的关键因素。它是指把人所拥有的素质、能力从先天和后天角度进行划分，由智能圈、惯性圈、动力圈构成的结构图。

（一）智能圈（显性因素 20%）

智能圈指的是知识能力，这是构成人思考的显性因素，它包括了学历、经历、专业与你所拥有的资源。

（二）惯性圈（习惯倾向 30%）

惯性圈指的是本能能力，它包括了生活方式、形象、思考习惯、制约，也就是日常的生活习惯、思考的倾向与特色、自我形象的塑造方式，以及那些被我们接受的生活规范。

（三）动力圈（深层影响 50%）

动力圈指的是社会能力，它包含了使命、能量、价值观与先天特质。这四项特质位于我们个性中的底层、深层，一般而言，也是驱使我们走向不同人生方向的最重要因素。

内圈与中圈中的内容为隐性素质，有的属于先天特质部分，难以被察觉，占成功因素的 80%。而外圈中的内容属于表象素质，容易引人注意，并且可以利用后天培养来改善，占成功因素的 20%，如图 1-1-2 所示。

图 1-1-2　心智结构图

训练活动

1.谈谈自己的人生观(如人生目的、人生态度、人生价值)。

2.随意画三个圆圈,分析特质。

3.结合心智结构图分析自己的心智结构。

案例分享

1.矮个子总感到低人一等

小杨,男,某高职院校二年级学生。因为自己身高的原因(身高1.63米),他总感到低人一等,抬不起头来。他内心也非常希望自己能长得高一些,很羡慕那些体形高大威猛的男生。甚至偷偷地去买过增高鞋垫、吃过增高药,但并没有出现广告上说的那些增高效果,他的身体并没有如他所愿地增高。

人体个子的高矮是由种族、遗传、健康状况、营养条件、地理环境等因素决定的，纯属自然的差别。但是，正如一位学者所说："我们生活在一个崇尚高大的时代……"现实中很多世俗的偏见使许多个子矮小的青年面临很大的心理压力。其实，只要我们纵观历史，就不难发现为自己的身高痛苦不已纯属自寻烦恼。历史上许多伟大的人物都是矮个子，如英国著名诗人济慈和德国哲学大师康德的身高都只有1.52米，音乐泰斗贝多芬的身高也只有1.63米。此外，爱因斯坦、拿破仑等人的身高也都在1.70米以下。所谓"尺有所短，寸有所长"，矮个子也有矮个子的优势，比如矮个子更长寿，矮个子的人还具有机智、灵活的特点，他们在耐力、速度、灵敏性等方面都相对较好。所以，我们要客观、正确地认识自己，做到接受自己、悦纳自我。

2. 失败的自我控制

一个高职二年级女生小年，3月份来心理咨询室咨询时，说自己很矛盾，既想努力复习专升本，又想努力把英语四级考过，但不知如何下手，不知选择哪一个。我说无论选哪一个都是有发展意义的，关键在于果断决策。她告诉我，先努力专升本。5月份她再次来咨询时，说还是一直很矛盾，以至于专升本考试自己并没有认真复习，肯定没希望，决定安心复习英语。6月份来咨询时，说四级已考，由于惦记着期末考试，英语几乎没复习，根本不可能通过，她痛苦地说，自己失去了所有机会。我告诉她，你失去的是自己不曾努力过的，不意味着所有，努力把期末考试考好。她表示认同。考试结束后，她一脸沮丧地告诉我，期末"挂"了三科。因为她始终没有行动起来。想得太多、做得太少，很难让自己静下心来做事。

这是一个典型的自我控制能力较差的例子。案例中的小年满心的想法与追求始终无法付诸行动，最后的结果只能是失败。对自己的行为不能有效控制，最终导致自信心降低，学习不见成效。高职高专学生应学会对自己在一定阶段内要完成的事情进行合理规划，有计划、有重点地完成。

3. 呵护生命，关注成长

王某是一名高职生，中学时他一直成绩优秀，但性格特别内向，也很敏感。自上大学以来，成绩一直不理想，所以状态很差。某日晚，王某因为违反校规，老师让他通知家长。第二日早上，王某没有到学校上课。当天8时55分，王某被发现从自家的八楼跳下身亡。知道了王某的事情，同学都觉得很吃惊。年轻的生命在花季戛然而止。此情此景，感到痛心的，又何止是该同学的父母。

生命是宝贵的，对每个人都只有一次，而我们作为社会的一员承担着一定的社会责任。我们要珍爱自己的生命，无论何时何地绝不轻易放弃自己的生命。案

例中王同学没有明白这个道理，没有看到自己生命的重要性，他不懂得人的生命是独特的，更是宝贵的。我们每一个人都应珍爱自己的生命，永不放弃生的希望，勇敢地面对困难，承受挫折，在挫折的磨炼中发挥自己的潜力，找到自己人生的闪光点。

4. 拥有自我

怎样才能成为自己？不存在一个适用于一切人的答案。最重要的是每个人都要真切地意识到“自我”的宝贵。有了这个觉悟，他就会自己去寻找属于他的答案。在茫茫宇宙间，每个人都只有一次生存的机会，都是独一无二、不可重复的存在。名誉、财产、知识等都是身外之物，人人都可求而得之，但没有人能够代替你感受人生。如果你真正意识到了这一点，你就会明白，活在世上，最重要的事就是活出你自己的特色和滋味来。你的人生是否有意义，衡量的标准不是外在的成功，而是你对人生意义的独特领悟和坚守，从而使你的“自我”闪烁出个性的光辉。

任务二 把握先天 健全人格

1. 为什么说“三岁看八十，七岁定终身”？

古人说“人之初，性本善；性相近，习相远”，一点没错。你别看刚出生的小孩还不会说话，还听不懂话，但他会看、会听、会想，他已经在学习了，而且比大人学得还快。从小孩学语言的过程就能看出来，他身边的人说几种语言，他就能学会几种语言。

从某种程度上说，小孩就是大人的复制品。大人的一举一动、一言一行，小孩都在模仿学习。所以这个时候，凡是和小孩接触的大人，在他面前一定要端正守礼，不能让他看到不好的样子，听到不好的话语，接触到不好的事物，一切负能量的东西都不能让小孩碰到。要让他所看到的、听到的都是正能量。

为什么说“七岁定终身”？因为小孩一般六七岁开始上学，上学是家教的延续。以前在家里，是父母做榜样，现在上学了，稍微懂点事了，但还不成熟，是靠老师做榜样，所以启蒙老师非常重要。启蒙老师的好与坏，教得合不合格，能影响孩子的一生，所以说叫“七岁定终身”。

2. 人格魅力是天生的还是后天形成的？

所谓人格魅力就是一个人让人情不自禁地愿意与其交往相处的能力。而一个真正具有这样能力的人一般都很有学问，很有涵养，很有能力，并且谦虚好学，为人处事大方得体，且能做到平易近人，与人为善。而这一切不是天生就会的，必须通过后来的学习和养成良好的行为习惯才能够获得。人的容貌是天生的，而人格魅力是后天培养的。

知识链接

一、人格概述

（一）人格的内涵

人格一词来源于拉丁语 person，意指古希腊时代的喜剧演员在舞台上戴的假面具，它代表剧中人物的角色、身份和性格，与我们今天戏剧舞台上角色的脸谱相类似；而后引申为演员所扮演的角色特征。用面具指人格，用来说明表现于外的行为特点，也暗示这只是个体特点的一小部分，个体还存在未显露的内隐成分。

“人格”一词在心理学中广泛运用始于 20 世纪 30 年代，当时主要作为性格的替代概念出现。在西方语境中，“性格”往往带有道德评价的含义，而“人格”则显得更为中性。正因为此，心理学界借用这个术语，指出每个人在人生舞台上扮演的角色及其不同于他人的精神面貌。

由于人格的复杂性，我国心理学界对人格的概念和定义尚未达成一致，《心理学大词典》（朱智贤主编，北京师范大学出版社，1989 年版）则反映了多数学者的看法：“人格指一个人的整个精神面貌，即具有一定倾向性的心理特征的总和。人格是人类独有的、由先天获得的遗传素质与后天秉承的内外信使相互作用而形成的、能代表人类灵魂本质及个性特点的性格、气质、品德、品质、信仰、良心，以及由此形成的尊严、魅力等。”实质上，人格是我们内部存在的一个持久而稳定的结构，这个结构决定了我们行为和生活风格的一致性。

人格是个人在其遗传、环境、成熟、学习等因素交互作用下形成的。它是个人在适应环境的过程中所表现出来的系统的、独特的反应方式，以气质为生物基础，以性格为外在表现。主要是指人所具有的与他人相区别的独特而稳定的思维方式和行为风格。

训练活动

在很多场合，碰到一些问题需要解决时，总会有人说，“我以我的人格担保……”，您对这句话怎么看？

____

____

____

____

____

（二）人格的特征

人格的特征主要有四个，它们分别是人格的独特性、稳定性、统合性、功能性。

1. **独特性**

个体的人格是在遗传、环境、教育等先后天环境交互作用下形成的。不同的遗传因素及教育环境，形成了各自独特的心理特点，我们经常所说的“人心不同，各如其面”就是指的这个意思。例如，有的人开放自然，有的人顽固自守，有的人沉默寡言，有的人豪爽，有的人谨慎等。环境会使某一人格品质在不同人身上表现出不同的含义，如独立性这一人格特质，作为缺乏父母爱护的家庭中成长的孩子，独立带有靠自己努力的含义；而在一个民主型家庭成长的孩子，独立则作为健全人格培养的重要部分。

2. **稳定性**

人格的稳定性是指那些经常表现出来的特点，是一贯的行为方式的总和。俗话说，“江山易改，本性难移”，这里的“本性”就是指人格。一个人的某种人格特质一旦稳定下来，要改变是较为困难的事，这种稳定性还表现在人格特征在不同时空下的一致性。例如，一个性格外向的大学生，他不仅仅在家庭中非常活跃，而且在班级活动中也表现出积极主动的一面，在老师面前同样也能自然地表现自己，不仅大学四年如此，即使毕业若干年再相逢，这个特质可能依旧不变。当然，强调人格的稳定性并不意味着它在人的一生中是一成不变的，随着生理的成熟和环境的变化，人格也有可能产生或多或少的变化，这是人格可塑性的一面，正因为人格具有可塑性，才能培养和发展人格。人格是稳定性与可塑性的统一。

3. **统合性**

人是极其复杂的，人的行为表现出多元性、多层次的特点。人格的组合千变万化并非一潭死水，人格也因此表现得丰富多彩。在每个人的人格世界里，各种特征并非简单地堆积，而是如同宇宙世界一样，依据一定的内容、秩序与规则有机组合起来的动力系统。人格的有机结构具有内在统一的一致性，受自我意识的调控。当一个人的人格结构在各方面彼此和谐统一时，人们就会呈现出健康的人格特征，否则就会出现各种心理冲突，导致“人格分裂”。

4. **功能性**

人格是一个人生活成败、喜怒哀乐的根源。正如人们常说的“性格决定命运”。人格决定了一个人的生活方式，甚至有时会决定一个人的命运。人们常常使用人格特征解释某人的言行及事件的原因。面对挫折与失败，有志者认真总结经验教训，在失败的废墟上重建人生的辉煌。而怯懦的人一蹶不振，失去了奋斗的目标。当人格功能发挥正常时，人会表现得健康而有力；当人格功能失调时，人就会表现出懦弱、无力、失控的状态。

（三）人格的结构

人格是构成一个人的思想、情感及行为的特有的综合模式，它是一个复杂的结构系统，包括许多成分，其中主要有气质、性格、认知风格、自我调控等方面。

1. 气质

气质是人生来就具有的典型的、稳定的心理活动的动力特征。首先气质是个体心理活动动力特征的总和，表现在心理活动的强度、速度、灵活性与指向性等方面。

气质掩蔽是气质改变的一种假想方式，是指后天的暂时联系系统掩蔽了神经活动类型的先天特性，而先天特性本身并未改变。性格、态度、思想修养等都会掩蔽气质的自然表露。

2. 性格

性格是指个体对现实的态度及其相应的行为方式中表现出来的稳定而有核心意义的心理特征，更多地受后天环境的影响。性格主要体现在对自己、对别人、对事物的态度和所采取的言行上，表现了一个人的品德，受人的价值观、人生观、世界观的影响。性格可以做善恶评价，有好坏之分，最能直接地反映出一个人的道德风貌。

3. 认知风格

认知风格主要影响学生的学习方式，它是指个人所偏爱使用的信息加工方式，也叫认知方式。认知风格有许多种，主要有场独立型和场依存型、冲动型和沉思型、继时型和同时型等。

场独立型的人在信息加工中对内在参照有较大的依赖倾向，他们的心理分化水平较高，在加工信息时，主要依据内在标准或内在参照，与人交往时很少能体察入微。而场依存型的人在加工信息时，对外在参照有较大的依赖倾向，他们的心理分化水平较低，处理问题时往往依赖于“场”，与别人交往时较能考虑对方的感受。

在学习过程中，有的学生反应非常快，但往往不够准确，这种反应方式称为冲动型；而有的学生反应虽然很慢，却很仔细、准确，这种反应方式称为沉思型。

左脑优势的个体往往表现出继时型加工风格，而右脑优势的个体往往表现出同时型加工的风格。继时型认知风格的特点:在解决问题时,能一步一步地分析问题,每一个步骤只考虑一种假设或一种属性,提出的假设在时间上有明显的前后顺序。同时型认知风格的特点:在解决问题时,采取宽视野的方式,同时考虑多种假设,并兼顾到解决问题的各种可能。

4. 自我调控

自我调控系统是人格中的内控系统或自控系统,具有自我认知、自我体验、自我控制三个子系统,其作用是对人格的各种成分进行调控,保证人格的完整、统一、和谐。

自我认知是对自己的洞察和理解,包括自我观察和自我评价。自我观察是指对自己的感知、思想和意向等方面的觉察;自我评价是指对自己的想法、期望、行为及人格特征的判断与评估,这是自我调节的重要条件。恰当地认识自我,实事求是地评价自己,是自我调节和人格完善的重要前提。

自我体验是伴随自我认识而产生的内心体验,是自我意识在情感上的表现。当一个人对自己作积极的评价时,就会产生自尊感;作消极的评价时,会产生自卑感。自我体验可以使自我认识转化为信念,进而指导一个人的言行,自我体验还能伴随自我评价,激励适当的行为,抑制不适当的行为,如一个人在认识到自己不适当的行为后果时,会产生内疚、羞愧的情绪,进而制止这种行为的再次发生。

自我控制是自我意识在行为上的表现,是实现自我意识调节的最后环节,如一个学生意识到学习对自己发展的重要意义,会激发起努力学习的动机,在行为上表现出刻苦学习、不怕困难的精神。自我控制包括自我监控、自我激励、自我教育等成分。

(四)人格的形成

“人心不同,各如其面”。人的心理差异就像人的面孔,千差万别、千姿百态。有的活泼,有的文静;有的勇敢,有的懦弱;有的聪明,有的笨拙。这些都是人格的体现,它们影响和制约着人的发展和成就。

人格的形成比知识学习以及智力发展要早。在幼儿期,我们就已逐渐形成人格的雏形;到了学龄期,人格的可塑性逐渐减少,但仍处于不断变化中;青年期是“人格再造”期,面临着许多细微转变;大学阶段是人的人格发展、完善的重要时期,向往成才、追求卓越是每个大学生的期盼。因此,每个学生都应该了解有关人格的知识,关注自己人格的发展,积极主动塑造良好的人格,使自己的人格不断完善,为走向成功奠定坚实的基础。

训练活动

1. A与B是某艺术院校大三的学生，同在一个宿舍生活。入学不久，两个人成了形影不离的好朋友。A活泼开朗，B性格内向、沉默寡言，B逐渐觉得自己像一只丑小鸭，而A却像一位美丽的公主，心里很不是滋味，她认为A处处都比自己强，把风头占尽，时常以冷眼对A。大三时，A参加了学院组织的服装设计大赛，并得了一等奖，B得知这一消息先是痛不欲生，而后妒火中烧，趁A不在宿舍，将A的参赛作品撕成碎片，扔在A的床上。A发现后，不知道怎样对待B，更想不通为什么她要遭受这样的对待。

分析思考：A与B从形影不离到反目成仇，令人十分惋惜，引起这场悲剧的根源是什么？如何克服呢？

____

____

____

____

____

____

2. 张某，男，22岁，工科大学四年级学生，性格内向，从小在挫折中长大。父亲是个很老实的知识分子，母亲是工人。平时母亲和父亲总是吵闹不休，一家之主的父亲没有家庭地位。母亲对张某也动手打骂、训斥责备。他在学龄前时期也常常被别人欺负，因此变得胆小、害怕。上学后认识到这是社会和周围的人对自己家庭较低的评价的结果。别人说他的父亲窝囊，母亲是个“母老虎”。在这种社会与家庭环境中，张某形成了自卑、压抑的性格。

讨论分析：张某的人格是何种类型？形成原因是什么？应如何矫正？

____

____

____

____

____

____

____

____

3.人格测试

(1)下图你最先看到的是什么形象?

苹果→2分　　人脸→1分

(2)下图给你什么感受?

模糊的、眩晕的→2分　恬静的、悠闲的→1分

(3)下图你会优先帮助谁?

1→1分　2→2分　3→4分　4→3分

(4)下面四件事分别是水壶开了、电话响了、宝宝哭了、狗在撕沙发,你会先做哪件事?

1→4 分　2→3 分　3→1 分　4→2 分

(4—7 分,感觉型人格;8—12 分,直觉型人格)

知识拓展

大五人格模型

20 世纪 80 年代以来,人格研究者在人格描述模式上达成了比较一致的共识,提出了人格五因素模型,被称为“大五人格”,强调该人格模型中每一维度的广泛性。

大五人格模型包含五个特质:意志力、外向性、宜人性、控制力和情绪性。其中,情绪性是人格因素中的影响性变量,它能够影响其他因素的强弱表现。

每个特质都是对立两端联系起来构成的一个维度,任何人都能在其中找到一个确定的位置,高低不同表现出来的行为模式亦是大相径庭。

1. 意志力

意志力是指有决心,坚持己见,有独立性,体现在对事物的意见和态度上,其内在动力是放大自己的观点并改变别人的想法。

在讨论一件事时,意志力高的人可能会直截了当地说:“这样讨论下去意义不大,就按照我说的去做吧。”这类人信念坚定,能够直面挑战并义无反顾地坚持自己的想法。

意志力低的人在同样的境况下会说:“我感觉自己的想法还不成熟,想听听大家有什么看法?”他们乐于向他人请教,已经做好的决定也容易受到影响而变得举棋不定。

意志力中等的人大多会坚持自己认为对的事,对于与自己意见分歧不大的观点亦会给予必要的支持。

2. 外向性

外向性是指热情、好交际、愿意参与，任何事情都不能阻挡其探索世界的好奇心。

外向性高的人有着用不完的精力，是个典型的活跃分子，对于新挑战、新环境始终像个探险家一样兴奋。

外向性低的人比较沉默寡言、注重隐私，喜欢待在安静的环境中自得其乐，他们在专注的事情上经常能做出不凡的成绩，一旦确定了一份友谊就会非常看重。

外向性中等的人有着很强的适应能力，待人友善，愿意与他人交流分享。

3. 宜人性

宜人性是指开放、诚恳、热心、有包容心，与人交往中是否在意他人感受，是否愿意给予信任。

宜人性高的人富有同情心，愿意相信他人，说话做事让人感到温暖，但有时会显得过于理想主义。

宜人性低的人讲求务实的原则，能够在交谈中很快获取价值信息，作决定迅速，可能会让别人觉得以自我为中心，缺少同情心。

宜人性中等的人在认定的关系中愿意给予对方信任和支持。

4. 控制力

控制力是指自律尽责、有计划、精确有序，体现在一个人做事的方式上。

控制力高的人在做事之前都习惯先做好计划，有着很强的责任感和自我约束力，能够竭尽所能地向目标前进。

控制力低的人思想比较自由，生活态度悠闲轻松，他们能够灵活地运用规则，很快适应变化中的环境，和他人相处也不会给人有压力的感觉。

控制力中等的人对感兴趣的事会有很强的责任心。

5. 情绪性

情绪性是大五人格中非常特殊的一个存在，即使两个有着相同人格特质的人，也会因为情绪高低差异而有不同的行为。

情绪性高的人会因为别人一句话思考很多，他们永远不会停止改变，相信自己始终都在成长，情绪高涨时显得很有魅力，但也容易起伏不定，过度敏感，需要他人时常的支持、鼓励。有些喜怒不形于色的人并非没有情绪，而是善于自我隐藏和转化。

情绪性低的人面对压力时能做到泰然自若，面对负面言论也能做到顺其自然，行为方式上比较稳定。

情绪性中等的人也是敏感的，但对一些引发他们情绪波动的事不会关注太久，比较安于现状。

五种特质的不同表现决定了人的不同人格，会让人有不同的性格表现，对日常的工作、生活和社交都有不同的影响，会造成不一样的后果。大学生对自身这五种特质的准确判断是了解自己人格的第一步。

二、先天特质

人格的发展主要是关注我们如何成为现在的样子。实质上人类行为与动物行为既相似又有区别，那是人类进化的结果，尽管如此，人类的先天特质与某些动物的人格特质还是紧密相连的。

（一）先天特质类型测试

规则：对下面每个项目描述与自己相符合的程度进行打分，“绝对不是”打 1 分，“不是”打 2 分，“有时候是，有时候不是”打 3 分，“是”打 4 分，“绝对是”打 5 分。

不要过多考虑，根据您的第一感觉打分。

①遵守纪律的；②个性温和的；③有活力的；④面面俱到的；⑤喜欢独立作业的；⑥广交朋友的；⑦喜欢事实和数据的；⑧富有同情心的；⑨善于谈判的；⑩有远大抱负的；⑪讲求精确的；⑫适应能力强的；⑬组织能力好的；⑭积极主动的；⑮害羞的；⑯公正的；⑰无法忍受冲突的；⑱勇于学习的；⑲中庸的；⑳外向乐观的；㉑注意细节的；㉒爱说话的；㉓善于协调的；㉔愿意冒险的；㉕足够有耐心的；㉖小心谨慎的；㉗犹豫不决的；㉘传统的；㉙亲切而热情的；㉚工作足够有效率的。

【答案解析】

现在把第⑤、⑩、⑭、⑱、㉔、㉚个项目的分加起来就是“老虎型人格”的分数；把第③、⑥、⑬、⑳、㉒、㉙个项目的分加起来就是“海豚型人格”的分数；把第②、⑧、⑮、⑰、㉕、㉘个项目的分加起来就是“企鹅型人格”的分数；把第①、⑦、⑪、⑯、㉑、㉖个项目的分加起来就是“蜜蜂型人格”的分数；把第④、⑨、⑫、⑲、㉓、㉗个项目的分加起来就是“八爪鱼型人格”的分数。

（将所算分数排序，分值最高项即为个人先天特质属性，若分数有几项相同，按照顺序结合自身生活习惯选择最符合自己的先天特质类型）

训练活动

1. 按动物特质分组，设计小组标志、组徽和组名，彰显小组特点，展示分享并说明其含义。

2. 观看老虎、企鹅、海豚、蜜蜂、八爪鱼生活习性的相关视频，总结五种动物各自的属性。

（1）分析不同动物的特性；

（2）结合自身及所测属性，分析与所测属性动物特性的异同。

3. 假设飞机失事，你要进行丛林求生，请将求生工具进行排序。

小型飞机失事，坠落在茂密丛林内，驾驶员已死亡。失事前你知道失事地点在城镇西南方，离城镇 40 千米，目前气温零下 12 摄氏度，时间为上午 11 时 30 分，在这种情况下如何进行求生？请对求生工具排序。

现有 13 项物品可以协助你求生，请选择工具运用的顺序（表 1－2－1）。最重要，1；次重要，2；第三重要，3；……；最不重要，13。

表 1－2－1 排序表

项目	物品	个人决策（A）	团队决策（B）	专家意见（C）	$D=\|A-C\|$（D）	$E=\|B-C\|$（E）
1	手枪一支					
2	手电筒					
3	打火机					
4	报纸（每人一张）					
5	绳子					

续表

项目	物品	个人决策(A)	团队决策(B)	专家意见(C)	$D=\|A-C\|$ (D)	$E=\|B-C\|$ (E)
6	罗盘					
7	猪油一罐					
8	开山刀					
9	威士忌一瓶					
10	航空地图					
11	医药箱					
12	巧克力(每人一片)					
13	滑雪的手杖两只					
纵列求和					$M=$	$T=$

个人决策与团队决策哪个最接近专家决策？在一些情形下，团队力量要远远大于个人力量，你怎么看？

____

____

____

____

____

____

（二）五种动物的人格特质

1. 老虎行为细则、人格特质（表1-2-2）

表1-2-2 老虎行为细则、人格特质

动物行为	人类行为	人格特质
屡次出击	抓住机会，挑战未来	勇于尝试
饥饿时寻找大目标	锁定大目标，见林不见树	胸怀大志
独自猎食	果断迅速，创造历史	相信自己

2. 海豚行为细则、人格特质(表 1-2-3)

表 1-2-3 海豚行为细则、人格特质

动物行为	人类行为	人格特质
随船嬉戏	容易注意到新鲜的人、事、物,容易跟不同的人做朋友	不怕陌生
怕孤独、好群栖	喜欢与大家在一起,与大家分享资源	呼朋引伴
学人唱歌	幽默,善用画面陈述事件	表达力强

3. 企鹅行为细则、人格特质(表 1-2-4)

表 1-2-4 企鹅行为细则、人格特质

动物行为	人类行为	人格特质
椭圆身材	如沐春风,感情是渐进的	待人亲切
成千上万只栖息	默默付出不计较,以和为贵	与人合作
孵蛋 60 天	稳定成长,坚持到最后	耐心对待

4. 蜜蜂行为细则、人格特质(表 1-2-5)

表 1-2-5 蜜蜂行为细则、人格特质

动物行为	人类行为	人格特质
蜂王、雄峰、工蜂	遵守团队规范,在意同事的看法	分工权责
工蜂制蜂蜜	承诺后会贯彻到底,使命必达	认真工作
工蜂联合起来逐雄蜂出巢	同工同酬,拥有清晰的判断力	公平正义

5. 八爪鱼行为细则、人格特质(表 1-2-6)

表 1-2-6 八爪鱼行为细则、人格特质

动物行为	人类行为	人格特质
怕强光	面对新的人、事不会轻易发表意见,不停地搜集信息,善于观察	"老二哲学"
2 000 个吸盘	做事因周到而令人感到贴心,做事周密,面面俱到	面面俱到
用一只眼睛观察	博学多闻,但不一定专精,可同时进行多项工作	多面向

（三）不同动物特质的表现（表1-2-7）

表1-2-7　不同动物特质的表现

项目	动物类别				
	老虎	海豚	企鹅	蜜蜂	八爪鱼
需要	在群体中最需要尊严，需要绝对的尊严	群体的认同	同伴的关心	组织的肯定	安全感
喜欢	直接表达、讲重点	欢乐、有趣的氛围	持续和稳定	公平和有秩序	环境明朗，清楚别人的想法
讨厌	啰嗦、被命令	悲观、被孤立、钻牛角尖	批判、变来变去和差劲的计划	没凭据、讲大话、改变规则	与大多数人有交集
与人相处、做事	相信自己，对目标非常执着	喜欢主动与人分享资源，待人热情	配合度很高，待人非常亲切，凡事不计较	重视程序细节、强调分工与公平	整合能力强，待人处事面面俱到

训练活动

1. 学生使用教学用具（扑克牌）认识特质，标注适合自身的特质，寻找不符合自身的特质并写出，以团队形式完成。

2. 结合教学用具（扑克牌）研究分析五种动物特质的代表人物。

3. 观看朋友聚会的视频，从出场顺序、点饮品、商量出游等场景，分析他们各自属于哪种类型的先天特质？

4. 教师将学生随机分组，学生介绍自己或者叙说某人，让其他同学猜并说出自己（或某个人）的先天特质。帮助大家了解彼此。

5. 结合动物特质分组分享收获与心得。也可以由学生自编自导情景剧来分析动物先天特质。

知识拓展

五种动物的先天特质

老虎型:老虎是一种孤独的森林肉食动物,每只老虎都有自己雄踞的领地,它独自狩猎,喜欢吃大型动物。在中国传统文化中,老虎常常是勇敢、力量的象征,人们既畏惧老虎的凶猛,又希望像老虎一样强壮。

这种类型的人敢于尝试自己从来没做过,或者没人做过的事,勇于接受挑战,如果有人跟他说,这件事你绝对做不到,他不但不相信,反而会努力去尝试,并且一旦决定要做,就一定会非常积极地完成目标。这种人主动且重视事情的结果,他们的特点是勇敢、积极、勇于尝试、胸怀大志、非常自信。

海豚型:海豚是极富灵性的海洋哺乳动物,喜欢成群结队嬉游,也爱随船游玩,非常愿意亲近人类,亢奋时会跳跃、旋转,也常常发出鸣叫声,海豚过着群栖的生活,它们会围猎鱼群来提高捕食小鱼的效率。

这种类型的人具有热情、分享、乐观的个性,他们敢跟陌生人主动打招呼,分享他们的资源,不管是好吃的、好看的、好玩的,海豚一定会跟身边的人说,我告诉你一个很好的东西你一定要去体验。这种人具有乐观的想法,凡事都会往好处想。这种人主动且热情地对待他人,特点是热情、乐观、不怕生疏、呼朋引伴、表达力强。

企鹅型:企鹅的生殖季节,正值南极气候严寒、风雪交加的冬季,雄企鹅在孵蛋期间为了避寒和挡风,常常并排而站,背对着强风形成一堵墙,靠在外墙的企鹅只有冷得受不了才挤进群体里御寒。它们低着头、不吃不喝、全神贯注地保护企鹅蛋,直到企鹅宝宝脱壳而出。

这种类型的人具有耐心、和谐、合作的特质,会很有耐心地听别人的想法,耐心地去完成一件事情,不喜欢吵架,喜欢和谐的环境,大家不分彼此地完成一件事。这种人能够含蓄且亲切地对待他人,特点是耐心、合作、待人亲切。

蜜蜂型:蜜蜂是群体生活的动物,一只蜜蜂无法单独生存,每只蜜蜂都是蜂群中的成员,它们严格地分工合作,蜂群可由数千只到数万只蜜蜂组成,但其中只分为三类:蜂后、工蜂与雄蜂。蜂后是完全发育的雌蜂,工蜂是发育不完整的雌蜂,雄蜂的任务只有交配。由于雄蜂食量是工蜂的5倍多,当交配后不需要它时,工蜂会将它们咬死或逐出蜂群饿死，以免消耗蜜量。

这种类型的人是完美主义者，做事非常在意品质，而且希望有一定的方法步骤，希望彼此的权利、义务划分清楚，这种人具有分工、程序、品质的特质，含蓄且重视事情的过程，他们分工清晰、认真工作、公平正义。

八爪鱼型：八爪鱼是软体动物，它的眼睛一大一小，小眼用在水浅光亮处，大眼用在深海黑暗处，因此可以看到的层面较广。另外，它们会用皮肤内的色素细胞模拟四周环境，可以迅速变换体色，让自己融合到周边环境之中以便保护自己。

这种类型的人具有整合、周延、弹性的特点，会整合彼此不同的看法，同时延伸出一个新的看法，因为思考周延，所以凡事想得多、想得久，面面俱到，因为具有弹性，所以容易与五湖四海的人有交集。

您是哪种类型的人呢？5 种类型的人没有好坏之分，都有适合的舞台和成功的路径，关键是您能不能正确地认知自己，能否把自己的先天优势发挥到极致。

例如，老虎型的人勇于尝试，非常自信，敢担当，对于大目标、大方向有兴趣，而且做事勇往直前、受挫力极强，他们适合做有挑战性的工作。海豚型的人热情、阳光，注意自己的公众形象，他们适合做理念传播、鼓舞士气、影响客户、感染别人的工作。企鹅型的人亲切、包容、有耐心、做事踏实、关心别人，做服务性的工作会让人感觉非常贴心和周到。蜜蜂型的人对品质的要求非常高，做事情的态度也很值得欣赏，他们做建立制度和标准作业流程等工作会非常到位。八爪鱼型的人博学多闻，人际关系融洽，处理事情很具有弹性，他们特别适合做整合资源的工作。

一般情况下，您是什么样特质的人，就会吸引或喜欢什么样的人，愿意做相关倾向的事情，这个现象会让我们按惯性去做决策，但也可能因此错失很多不符合惯性方向的学习机会与经历。

所以，了解自己到底有什么不同，有什么特征，在最自然的状态下有什么惯性思维和行为倾向非常重要，因为这可以让我们发现自己的优势与弱势，有针对性、有目标地把自己经营好。

五种动物的性格特质和行为表现对比

(1)不同特质的人在病床前的表现。

当你最亲爱的人病重时,你会如何做?同样是表达关爱,每种性格的人所采取的表达方式不同。

蜜蜂:从生活起居到饮食护理,默默地给予亲人无微不至的照顾。当蜜蜂照顾你时,一方面开始唠叨当初你怎么不听他的话,为什么这么不小心;另一方面,他会积极地搜寻一些治疗方法。对于护工做事的马虎、医生遗忘了定时查房这种事,绝不轻易放过。他们把照顾亲人当成一件工作严阵以待,这无形中会给病人造成一种精神负担。

老虎:因为一切以解决问题为主,他们会控制自己内心的伤痛,不惜一切寻求最好的医院、医生和药物,把亲人的病治好才是最重要的。他们上医院探视时,会买最好的补品,但有时难免会忽略情感的关怀。

企鹅:这种类型的人是让你最轻松舒服的陪护人。他们能让病人觉得生病并非是很糟糕的事情。比如同样给病人做食物,企鹅可能会说:"你把这个都吃了,这个很好。"

海豚:这种类型的人可以把病人逗得开心,让病人觉得生病似乎是件非常幸福的事儿。经常会拿小猫、小狗、小熊之类的玩具来逗你开心。进了病房以后,开始用海豚特有的哈哈大笑感染着你,病房里的其他病友也都跟他混了个脸熟。

(2)假如你被邀请出席一场盛大的陌生聚会。在这样的场合,不同性格的人有不同的反应。

海豚:热衷参加各式各样的活动。这种性格的人对人有着高度的兴趣,这使他们容易打动别人。他们关注他人对自己的看法和评价,喜欢成群结队地去旅游或者去某个地方。进入陌生环境的海豚,更容易迅速融入环境,他们会非常自然且主动地与周围人攀谈,海豚始终相信,每个人都有可能是我的朋友,他们能够快速地和陌生人打成一片,结交许多新朋友。

企鹅:先找个地方坐下,开始享受"能坐着绝不站着,能躺着绝不坐着"。企鹅懒得去思考到底周围发生了什么,对他们而言,旁观本身就已经是一件至高无上的享受了。

老虎:直截了当、目标明确,以能学到什么或交换到什么新信息,认识了几个可能对我的未来有影响的人为最高目标。

蜜蜂:喜欢思考,一旦发现能对上眼的,在半推半就的情形下展开交流。当晚会结束时,会因为找到了一个可以深入交流的知己而认为自己今天非常值得。

(3)面对离家出走时,不同性格的人有不同的做法。

海豚:容易离家出走,过几天没有东西吃自己会溜回来,只不过是想让父母和家人朋友紧张一下,借以换回更多的疼爱和关注。

老虎:一旦出去了,多半是不会走回头路了,他们要用自己的行动表示,我已经长大,我不希望你们总是来控制我的生活。他们要做自己生活的主人,内心独立、毫无畏惧。

企鹅:对于稳定和安全感有强烈需求,即便你赶他出去,他也不愿意动弹,一般不会轻易离家出走。

蜜蜂:离家出走的情况不太多见,但这并不表示他们没有这样的想法。蜜蜂和家长出现冲突后,内心充满着无助悲哀的情绪,但蜜蜂遵守道德规范,这让他们在面对痛苦时,轻易不会出头抗争,宁可采取牺牲自己的方式来解决。

八爪鱼:一直在纠结是离家出走还是不走,出去以后还会纠结是回家还是不回家。

(4)在描述一个曾经去过的最喜欢的旅游景点时,每种动物会有截然不同的表现(此案例一般常用来对比蜜蜂和海豚)。

蜜蜂:在描述旅游景点时会体现专业性、逻辑性,注重用数据和科学说话,不会无中生有,比较务实,重视细节。例如:"首先,那个地方有 XX 年的历史或是有 XX 人曾去过,每年都会吸引很多游客。其次,地理环境非常好,属于 XX 地形,交通也非常便利,气候也非常舒服。再次,那里不仅适合我们这些年轻人,也有适合小孩子玩耍的地方,还方便老人散步……"

海豚:在描述旅游景点时表情丰富、言语兴奋、注重趣味性,会使用大量形容词,描述上偏宏观和概括。例如:"那个地方非常漂亮,有山有水,大家一起坐船穿山而过。对了,还有各种颜色的花,特别好看……,还有,还有,那里好吃的特别多,到了那里都不想离开了。相信我吧,大家一定要去哦,记得一定要吃我说的那个……"

老虎:描述简单直接,不啰嗦。例如:"我觉得 XX 挺有意思的,风景非常漂亮……,反正你们去吧,去了就知道了。"

企鹅:描述中会重视别人的感受,表情、语气平淡,不浮夸。例如:"我觉得 XX 是我最喜欢的地方,除了风景漂亮宜人,能够让人感到非常放松,还能够……"

(5)小伙伴们一起去打猎时,对于开枪的顺序以及目的,不同的动物也会有不

同的表现。

老虎：乱枪打鸟争第一，无论打中与否，我都要第一个开枪。会冲在前面第一个到达目的地，看到动物就想马上冲过去，不会在乎前面是否有危险。

海豚：会非常兴奋，情绪高昂，想和大家一起打，可能会先叫再打，打完再叫，希望大家在欢乐的气氛中一起齐心协力把动物抓到。

企鹅：大的不敢打，小的不忍心打。可能不忍心看到动物被抓住，但是为了不扫兴，也会和大家一起，但很有可能不会开枪，因为它觉得动物也有生命，受伤会很心疼。

蜜蜂：瞄准、瞄准、再瞄准。可能会先布局，会测风速等，看外部环境会不会对子弹有影响，开枪前会非常谨慎，因为他们想要做好准备再出手，一次击中。

八爪鱼：先观察，再出手。他们会先看看周围的环境、地形，会先了解一下其他人的想法和行为，看到动物出现后，也很少第一个冲出去。

(6)你代表公司去机场接机(面对出差许久不见的朋友，面对非常重要的客户时)，不同的动物，会有不同的表现。(选择同学上台表演呈现，通常以海豚和企鹅做对比。)

场景一：企鹅半年前被外派到国外工作，公司近期开年会，派他的好朋友海豚去机场接他。

海豚：在机场见到朋友时，会兴奋地主动跑过去，非常热情，握手、拥抱，替他拎箱拿包，嘘寒问暖，诉说想念。

企鹅：见到朋友心里很开心，但是表情会亲切淡然，可能还会觉得朋友的表现太过夸张而惊讶或吓倒，心里会因此不舒服，但是不会表现在脸上。

场景二：角色互换，海豚半年前被外派到国外工作，公司近期开年会，派他的好朋友企鹅去机场接他。

企鹅：会走过去，表达“辛苦了”，关心朋友累不累，然后自然地帮忙拎包，也会亲切地告诉他公司近期的情况。

海豚：会满心期待朋友对自己的热切想念，恨不得把一切见闻都告诉对方，但可能因为朋友的淡然表现而觉得对方好像并不欢迎自己。

1. 成长案例：为什么内向的总是我？

我是一名职业院校三年级的女生，对前途很担心，主要因为我性格内向，与人交往很拘谨，尤其与异性交往更是紧张。大学三年，除室友外和其他同学来往很少，甚至与同班有些男生根本没说过话。看见朋友和别人从容聊天，我除了羡慕就是自卑。有时觉得生活不公，也很讨厌自己，为什么我就摊上了这种内向的性格，不能像很多人一样开朗。

该女生因自己内向的性格而烦恼。心理学上将“注意力的指向”作为划分内向和外向的依据，内向的人更多地将注意力指向自己的内心世界，而外向的人则对外部世界给予更多关注，但每种性格都具有优缺点。内向的人往往对自己人际关系上的负面影响看得过重。其实，人们不会因为一个人有些拘谨就反感他、否定他，有很多内向的人生活也很快乐、成功。

2. 从少年犯到心理学家

丹尼斯·克雷布斯，中学时是个另类学生。14岁时，因搬家对异地文化生活难以适应而成为少年犯。那时人们取笑他的一切——穿着、行为，甚至口音。为此他常拳脚相向，大打出手，一次次卷入打斗中，一发不可收拾，以致成为帮派活动的小头目。后来因逃学、打架、去商店偷东西被抓，在管教所待了几个月。出来后，又因酗酒开车，惹是生非，与警察对着干，被关进监狱。越狱逃跑后，来到了某伐木营帐中，在这里他对人生进行了“深度的思考”，萌发了“换个活法”的念头——去哥伦比亚上大学。伐木半年挣足了钱，他动身了，那时他已20多岁，当发现自己落后时，便极其认真地学习。毕业时，他获得了心理学顶尖学生的荣誉。

当他申请去哈佛读博士时，突然想到自己一直在恐惧中生活，怕有人揭发他是个逃犯，便去自首，结果被宽恕。他在获得博士学位后，哈佛大学邀请他作为副教授和本科教学负责人。之后，他对发展心理学做出了卓越贡献。

职涯解析篇

发挥优势　创造未来

内容提要

“不以规矩，不能成方圆”。没有远大的抱负，无以成就伟大的事业；没有规划，自己的人生目标就会模糊不清。无论你最终迈向哪里，都需要从进入高校之初就开始学习认清自己，明确自己的发展方向和目标。同时不断督促自己，挖掘自身潜力，切实提高自己的综合素质，不断挑战自我、超越自我、规划职涯，为自己将来走向社会打下坚实的基础。

学习目标

1. 建立职业概念，了解职业性质、功能、分类。
2. 熟悉生涯与职涯，了解生涯与职涯的关系。
3. 了解职业生涯规划三要素。
4. 掌握职业生涯规划的内涵。
5. 熟悉五种动物特质人的职业规划。

能力目标

1. 能规划自己的职业人生。
2. 能够知晓自己的先天特质与未来想从事或喜欢从事工作岗位的匹配度，提早就差异和不足做调整和准备。
3. 结合个性特质合理选择职业。
4. 能从职涯规划三要素出发，合理规划自我职业生涯。
5. 能正确区分五种动物特质人的能力、职业特征、职业选择。

思政目标

1. 坚守道德底线，将爱国情怀融入日常生活，融入一言一行中。
2. 知道人生选择的重要性，学会做出正确的选择。
3. 养成遵守规则的习惯，承担维护社会秩序的职责。
4. 建立职业道德底线，学会拒绝诱惑。
5. 确立生活目标，树立明确的职业理想。
6. 培养认真的做事态度，养成尽职尽责的工作习惯。
7. 提高对职业精神的理解和对职业准则的认识，培养遵守职业操守的自觉性。
8. 树立正确的三观，弘扬正能量。

任务一　明晰职业　洞悉职涯

案例导入

如果你不知道你要去哪里，通常你哪里也去不了。

江文雄在《生涯规划：活出快乐人生》一书中说："悲观者抱怨风向，乐观者期待转风，聪明者调整风帆。"所以方向设计非常重要。

某位哲人说："认识自己是一切学问的来源。要设定生涯方向，必须先找自己内心的指引，如同船在大海航行，先观星辨位。"（见图 2-1-1）

图 2-1-1　船在大海航行

一、职业概述

（一）职业的内涵

职业是人生的基石，是实现人生价值的重要途径。选择职业是人生的一件大事。高职高专教育是培养专业技术人才的教育，它有很强的技术性和职业性。因此，对于一名大学生来说，确立生活目标、树立职业理想是其大学生活的重要内容，大学生在入学之初就应该为树立明确的职业理想而做准备。

有人认为，职业是参与社会分工，利用专门的知识和技能，为社会创造物质财富和精神财富，获取合理报酬作为物质生活来源，并满足精神需求的工作。职业是指人们从事相对稳定的、有收入的、专门类别的社会劳动，是人的一种社会活动和生活方式，又是一种经济行为，也是人们从社会中牟取多种利益的资源。它对于每个人都极为重要，是一个人社会地位的一般性表现，也是一个人权利、义务和职责的体现。

总体而言，职业一般应包括如下特点：获得现金或实物等报酬是从事职业的目的；职业是从业人员在特定社会生活环境中所从事的一种与其他社会成员相互关联、相互服务的社会活动；职业是在一定历史时期形成的，具有较长的生命周期；职业必须符合国家法律和社会道德规范；职业必须具有一定的从业人数。

我们可以从以下几方面来理解职业。首先，并不是任何工作都能成为职业，某项工作只有变得足够重要、足够丰富以至能吸引劳动者长期稳定地投入其中才能够成为职业。其次，劳动者从事这项工作时还能够取得一定的经济收入，取得合理的劳动报酬，满足劳动者的物质需求。再次，职业是劳动者获得的一种社会角色，劳动者必须按照社会结构中这一社会角色规定的规范去行事。最后，职业为劳动者提供了一个体现个人价值的机会。

在社会学看来，职业体现了以下关系：职业是个人与社会的关系；职业是知识技能与创造的关系；职业是创造财富和获得报酬的关系；职业是工作和生活的关系。

职业是包含多种多样的社会关系和社会期待，因而包含着多种多样社会规范的集合体。之所以强调“职业”的这些本质，实际上是想强调大学生在择业时，不应将职业选择仅仅看作是专业选择、工资选择或机会选择，而应该选择适合自己个性和能力的职业。

综上所述，职业是指人们为获取主要生活来源和满足社会需求而从事的相对

稳定的、有经济收入的、具有一定社会职能的、专门类别的社会劳动。

（二）职业的性质

职业包含着两个重要特征：第一，由于职业是一种社会分工的形式，因而职业是一种特定的社会关系，不同的职业体系包含着不同的社会关系。第二，作为社会分工体系中的特定社会位置，职业是包含着多种社会期待的社会角色。职业同时拥有以下性质。

1. 统一性

某一类别的职业内部，其劳动条件、工作对象、生产工具、操作内容相同或相近。因此，人们就会形成统一的行为模式，有共同的语言习惯和道德规范。基于此，才形成了诸如行业工会、行业联合体等社会组织。

2. 差异性

不同职业之间存在很大差异，劳动条件、工作对象、工作性质等都不相同。随着社会的进步和发展，新的职业不断涌现，各种职业之间的差异也不断变化。

3. 层次性

从社会需要的角度看，职业没有高低贵贱之分，但现实生活中由于对从业者的素质要求及人们对职业的看法或舆论评价的不同，不同职业就有了层次之分。这种职业层次是由不同职业所需付出的体力劳动和脑力劳动、收入水平、工作环境、社会声望等因素所决定的。

4. 时空性

随着社会的发展和进步，职业变化迅速，在旧职业逐渐消失、新职业不断出现的同时，同一职业的活动内容和方式也在发生变化，所以有些职业具有明显的时代性，不同时代有不同的热门职业。

（三）职业的功能

职业在人们的社会生活中居于重要地位，处理好职业问题对人一生的发展和维持社会的正常运行与进步具有重大意义。

1. 职业的个体功能

职业是个人获得经济收入、名誉、精神满足的来源，是个人维持家庭生活的手段。职业是促进个性发展的手段，当个人从事的职业能使个人的特长、兴趣得到充分发挥时，也就促进了个性的充分发展。职业是个人在社会劳动中从事具体劳动的体现，是个人贡献社会的途径。

2. 职业的社会功能

职业是维持社会稳定、实现社会控制的手段。职业存在和职业活动构成了人类的社会存在和社会活动。职业劳动创造社会财富,为社会的存在和发展奠定物质基础。职业分工是构成社会经济制度运行的主体。职业的运动(如职业结构的变化、职业层次间矛盾的解决)是推动社会进步的一种动力。

(四)职业的分类

1. 按劳动者的性质、层次划分

白领工作人员:专业性和科技性的工作人员,如会计、建筑师、计算机专家、工程师、法官、医生、教师、牧师、社会科学家和作家等;行政管理人员;销售人员;办公室工作人员。

蓝领工作人员:手工艺及类似工人,如工匠、砖瓦匠、建造工、保养工和油漆工等;运输装置操作工人;农场以外的工人,如饲养人员、建筑工人、垃圾工和伐木工等;服务性行业工人,如清洁服务工、农场工人、私人服务人员等。

2. 按心理个别差异划分(霍兰德创立的"人格—职业"类型匹配理论,把职业类型分为六种)

现实型:主要是指熟练的手工和技术工作,通常指运用手工工具或机器进行的工作,在西方被称为"蓝领"职业,从事这类工作的人包括木匠、鞋匠、锁匠、产业工人、运输工人(司机)等。

研究型:主要是指科学研究和试验工作,从事这些工作的人,包括研究自然界和人类社会是怎样构成和发展变化的工作人员。

艺术型:主要是指艺术创作类工作。这些工作是人们使用语言、音像、动作、色彩等创造艺术的工作,如作家、艺术家、舞蹈演员、摄影师、书画家和雕塑家等各类文艺工作者就是从事这类职业的人。

社会型:主要是指为人办事的工作,即教育人、医治人、帮助人、服务人的工作。从事这类工作的人包括教师、医生、护士、服务员、家庭保姆等。

企业型:主要是指那些劝说和分派他人去做某事的工作。从事这类工作的人包括国家机关及工作机构的负责人、党政干部、经理、厂长、律师、商业顾问、推销员等。

常规型:通常是指办公室工作,即与组织机构、文件档案和活动安排等打交道的工作。从事这类工作的人包括办公室办公人员等。

训练活动

请大家畅所欲言，说说各自对职业的认识。

二、生涯职涯

（一）生涯的内涵

当人们谈论经历时，“生涯”二字是大家常见到和听到的高频词，例如“艺术生涯”“写作生涯”“戎马生涯”等，那么“生涯”是什么意思呢？“生”即“活着”；“涯”即“边界”。从广义上理解，“生”，自然是与一个人的生命相联系；“涯”，则有边际的含义，即指人生经历、生活道路和职业、专业、事业。成年阶段是人的一生中最重要的时期，这一时期之所以重要，是因为这是人们从事职业生活的时期。

其实，生涯一词是由“职业”（vocation）一词拓展而来的，主要指个人一生的道路或发展路径。按字典的解释，生涯是指生命的极限、生活、生计等。因此，简单地说，所谓生涯是指人一生的发展道路。

美国组织行为学专家道格拉斯·霍尔认为，“生涯”是指一个人一生工作经历中所包括的一系列活动和行为。美国职业生涯管理专家萨帕认为，生涯是个人终其一生所扮演角色的整个过程。生涯发展大师苏伯（Super）认为，生涯是指一个人在一生中所扮演的角色的综合及结果，这些角色包括儿女、学生、休闲者、公民、工作者、配偶、父母及退休者等，而这几个角色在家庭、社区、学校及工作场所中扮演。

实质上，生涯是人一生中的一个连续不断的发展过程，包含生命意义的追寻与期许（如工作、家庭、休闲、财务、社交、学习、健康、心灵等）。

（二）职业生涯的内涵

人们一生的职业历程，有着各种不同的可能：有的人从事这种职业，有的人从事那种职业；有的人一生变换多种职业，有的人终身位于一个岗位上；有的人不断追求事业成功，有的人穷困潦倒、无所作为。造成人们职业生涯的差异，有个人能力、心理、机遇方面的因素，也有社会环境的影响。

职业生涯的含义曾随着时间的推移发生过很多变化。在20世纪70年代，职业生涯专指个人生活中和工作相关的各个方面。随后，又有很多新的意义被纳入“职业生涯”的概念中，其中甚至包含了生活中关于个人、集体以及经济生活的方方面面。职业生涯是人一生中最重要的历程，特别是职业、职位的变动及工作理想的整个过程，对人生价值起着重要的作用。

职业生涯是一个动态的过程，是指一个人一生在职业岗位上所度过的、与工作活动相关的连续经历，并不包含在职业上成功与失败或进步快与慢的含义。也就是说，不论职位高低，不论成功与否，每个工作着的人都有自己的职业生涯。

从经济的观点来看，职业生涯就是个人在人生中所经历的一系列职位和角色，它们和个人的职业发展过程相联系，是个人接受培训教育以及职业发展所形成的结果。

职业生涯是以心理开发、生理开发、智力开发、技能开发、伦理开发等人的潜能开发为基础，以工作业绩的评价、工资待遇、职称、职务的变动为标准，以满足需求为目标的工作经历和内心体验的经历。

（三）生涯与职涯的关系

人的职业生活即职涯，在其生涯中占据核心与关键的位置。它是人生中与职业发展相关的历程，包括对职业生涯进行持续、系统的计划过程，也包括职业定位、目标设定、通道设计。同时也是一个人的主要收入项，其目标的实现与否，会直接引起成功与失败、愉快与不愉快的不同感受，影响生命的质量。

生涯是人的一生历程（0岁到100岁，从出生到死亡），职涯是人生最重要阶段（20岁到60岁，从就业到退休）的核心（见图2-1-2）。

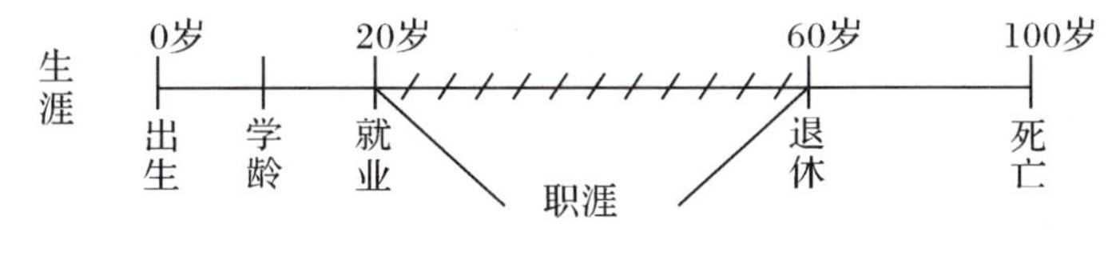

图2-1-2 生涯与职涯

三、职业生涯SWOT分析

职场是挥洒人生理想的舞台与空间。我们要选好职业，规划好职涯，就要从优势（strengths）、劣势（weaknesses）、机会（opportunities）、威胁（threats）四方面对职业生涯进行分析，也就是我们常说的SWOT分析。

(一)SW 分析

SW 分析是对所有人拥有，同时有可能影响到自身职业生涯的因素所做的分析。既包括个人的能力、性格、兴趣等内在个人特征，也包括学历、专业、家庭背景等外在的个人特征。个人 SW 分析可以从以下几个方面来进行。

1. 职业爱好

职业爱好可以通过职业兴趣测评及个人过往经验，分析自己喜欢与不喜欢做的事情。

2. 学习能力

学习能力可以从学习的速度、深度及自己擅长的学科进行分析。学习能力强的人能够更快地适应新的工作环境，收集相关资料，进行分析性思考，提出解决问题的合理方法，并制订合理的工作计划以解决问题。

3. 工作态度

工作态度表现为个人对工作执着上进的程度，也表现为有没有工作激情。如果个人有良好的工作态度，则更善于运用新知新学，愿意接受新的任务。

4. 与人交往能力

与人交往能力包括与人交往的意愿、交往的范围、交往的深度和合作经验。人际交往技巧高的人善于协同他人，包括与上司、同级、下属共同寻求解决问题的方法。

5. 外在个人特征

例如，家庭背景、父母亲朋对自己的职业生涯的支持程度。如果考虑创业，则要评估自己的资金实力。

(二)OT 分析

OT 分析是对所有可能影响自身职业生涯，但个人又无法改变的外部环境所做的分析。例如，国家新的就业政策、大的就业环境、行业发展趋势、当地人才市场的需求变化等。OT 分析可以从以下几个方面入手。

1. 国际环境

例如，目标行业的开放性，是否允许外资或者民营资本进入；全球的经济形势，以及对目标行业的影响；全球企业的竞争形势，以及国内企业在全球竞争中所处的位置。

2. 国内环境

国内环境包括国内生产总值(GDP)的增长形势、政府的政策导向，以及在就业和创业方面给予的支持与优惠、所在地区的人口结构等。

3. **所在城市的情况**

例如，当地的产业结构、人才市场的需求情况等。

4. **所学专业，毕业院校的情况**

所毕业院校情况和专业特点等都会影响个人的生涯发展。

5. **行业情况**

行业情况主要分析行业特性、行业景气度、行业发展趋势、竞争程度、上下游产业价值链等。

6. **企业的发展状况**

例如，企业文化和制度、产品和市场、企业的竞争对手等情况。

7. **岗位就业情况**

岗位就业情况是指所在岗位或者准备从事岗位的发展趋势、竞争程度、待遇水平等。

1. 职业与兴趣

某同学硕士毕业后进入出版社工作，大家一直觉得她找到了一个好工作，都为她开心。可是，一年后她情绪低落，闷闷不乐，常常抱怨说："天天上班编写文字，校对文稿，审稿、定稿，每天面对冷冰冰的电脑屏幕，我都快不会说话了。"后来下定决心辞职到报社工作，忙得没有周末，没有休息日，她却如鱼得水，做得开心，发展迅速。

学院某学员是某大学物流专业本科生，原来在做测试类工作，后辞职到学院学习。他说原来的工作也不累，但是一想到上班就觉得恐惧，家人朋友都认为我适合这份工作，但是只有我自己知道我不喜欢。毕业后成为一名顾问，非常忙碌，但他却觉得累并快乐着。

请问为什么？

____

____

____

____

____

2. 一个大学生的求职之路

刘某是某职业院校计算机专业学生，毕业在即，但工作的事情还未落实。开始他想做一名软件工程师，因为这和他的专业更贴近。但是他从报纸上了解到，软件工程师是一个青春职业，和年龄有很大关系，35 岁以后软件工程师就面临着被淘汰的可能性，工作可能不太稳定。于是他想去卖包子，因为他认为他家楼下卖包子的生意很稳定。后来因为家里的反对，放弃了这个想法。于是他决定去公司应聘，首先想到的是去做销售，因为他看到很多公司高层领导都是从做销售开始的。但是求职销售没有成功，他又回到 IT 行业，想做 IT 培训老师，但是也没有成功。整个过程下来，他找了很多工作，做了很多选择，但都没有成功，变得非常失望、焦虑，他觉得自己的能力不被社会认可，于是上网玩游戏，以缓解暂时焦虑的情绪。

大学生求职成功的影响因素有哪些呢？简而言之，一是要选择正确的方向，选择了适合自己的方向，求职的成功率就会极大地提高；二是行动要积极，能力再强的人，如果行动不积极，那也不会顺利找到工作。从上面的案例中我们可以看到，一方面刘某的求职方向变动很大，不太清楚自己适合哪种类型的工作；另一方面，他的行动最后变得很消极。那么，怎样才能有一个正确的决策，找到适合自己的工作呢？我们要明确，今天在哪里并不重要，重要的是下一步将要迈向哪里。

___

___

___

___

___

___

___

四、职业兴趣

职业兴趣是一个人对待工作的态度，对工作的适应能力，表现为有从事相关工作的愿望，拥有职业兴趣将增加个人的工作满意度、职业稳定性和职业成就感。根据霍兰德职业兴趣分类方法，将职业兴趣分为六种类型：常规型、艺术型、实践型、研究型、社会型、管理型。

职业兴趣是以一定的素质为前提，在生涯实践过程中逐渐发生和发展起来的。它的形成与个人的个性、自身能力、实践活动、客观环境和所处的历史条件有着密切的关系，因此，职业规划对兴趣的探讨不能孤立进行，应当结合个人、家庭、社会的因素来考虑。了解这些因素，有利于深入认识自己，进行职业规划。

1. 个人需要和个性

不管人的兴趣是什么，都是以需要为前提和基础的，人们需要什么也就会对什么产生兴趣。由于人们的需要包括生理需要和社会需要、物质需要和精神需要,因此人的兴趣也同样表现在这两个方面。人的生理需要或物质需要一般来说是暂时的,容易满足。例如,人对某一种食物、衣服感兴趣,吃饱了、穿上了也就满足了;而人的社会需要或精神需要却是持久的、稳定的、不断增长的。例如,人对文学和艺术的兴趣,对社会生活的参与则是长期的、终生的,并且是不断追求的。兴趣是在需要的基础上产生的,也是在需要的基础上发展的。

兴趣和爱好品位的高低会受到一个人的个性特征优劣的影响。例如,一个人个性品质高雅,可能会对公益活动感兴趣,乐于助人,对高雅的音乐、美术有兴趣;反之,一个人个性品质比较低,可能会对低级、庸俗的文艺作品感兴趣。

2.个人认识和情感

兴趣是和个人的认识和情感密切联系着的。如果一个人对某项事物没有认识,也就不会产生情感,因而也就不会对它感兴趣。同样,如果一个人缺乏某种职业知识,或者根本不了解这种职业,那么他就不可能对这种职业感兴趣,在职业规划时也想不到。相反,认识越深刻,情感越丰富,兴趣也就越深厚。

例如,有的人对集邮很入迷,认为集邮既有收藏价值,又有观赏价值,它既能丰富知识,又能陶冶情操,而且收藏得越多,越丰富,就越投入,情感越专注,越有兴趣,于是就会发展成为一种爱好,并有可能成为他的职业。

3.家庭环境

家庭作为最基本的社会单元,对每个人的心理发展产生着重要的影响,因此个人职业心理发展具有很强的社会化特征,家庭环境的熏陶对其职业兴趣的形成具有十分明显的导向作用。大多数人从幼年起就在家庭的环境中感受其父母的职业活动,随着年龄的增长,逐步形成自己对职业价值的认识,使得个人在选择职业时,不可避免地带有家庭教育的印迹。家庭因素对职业取向的影响,主要体现在择业趋同性与协商性等方面。

一般情况下,个人对于家庭成员特别是长辈的职业比较熟悉,在职业规划和职业选择上产生一定的趋同性影响,同时受家庭群体职业活动的影响,个人的生涯决策或多或少产生于家庭成员共同协商的基础上。兴趣有时也受遗传的影响,父母的兴趣也会对孩子有直接或间接的影响。

4.受教育程度

个人自身接受教育的程度是影响其职业兴趣的重要因素。任何一种社会职业从客观上对从业人员都有知识与技能等方面的要求,而个人本人的知识与技能水平的高低在很大程度上取决于其受教育的程度。一般来说,个人学历层次越高，接受职业培训范围越广，其职业取向领域就越宽。

5. 社会因素

一方面，社会舆论对个人职业兴趣的影响主要体现在政府政策导向、传统文化、社会时尚等方面。政府就业政策的宣传是主导的影响因素，传统的就业观念和就业模式也往往制约个人的职业选择，而与社会时尚相关的职业则始终是个人特别是青年人追求的目标，如计算机技术得到较大发展，对这份职业有兴趣的人也增加得很快。

另一方面，兴趣和爱好是受社会性制约的，不同的环境、不同的职业、不同的文化层次的人，兴趣和爱好都不一样。

6. 职业需求

职业需求是一定时期内用人单位可提供的不同职业岗位对从业人员的总需求量，它是影响个人职业兴趣的客观因素。职业需求越多、类别越广，个人选择职业的余地就越大。职业需求对个人的职业兴趣具有一定的导向性，在一定条件下，它可强化个人的职业选择，或抑制个人不切实际的职业取向，也可引导个人产生新的职业取向。

年龄的变化和时代的变化也会对人的兴趣产生直接影响。就年龄方面来说，少儿时期往往对图画、歌舞感兴趣，青年时期对文学、艺术感兴趣，成年时期往往对某种职业、某种工作感兴趣。它反映了一个人兴趣的中心随着年龄的增长、知识的积累在转移。就时代来讲，不同的时代、不同的物质和文化条件，也会对人兴趣的变化产生不同的影响。

五、霍兰德职业兴趣理论

约翰·霍兰德(John Holland)是美国约翰斯·霍普金斯大学心理学教授，美国著名的职业指导专家。他于1959年提出了具有广泛社会影响的职业兴趣理论。认为人的人格类型、兴趣与职业密切相关，兴趣是人们活动的巨大动力，促使人们积极地、愉快地从事所感兴趣的职业，且职业兴趣与人格之间存在很高的相关性。霍兰德认为人格可分为现实型、研究型、艺术型、社会型、企业型和常规型六种类型。

六、六种人格类型内容

1. 社会型(S)

共同特征：喜欢与人交往，不断结交新的朋友，善言谈，愿意教导别人。关心社会问题，渴望发挥自己的社会作用。寻求广泛的人际关系，比较看重社会义务和社会道德。

社会型人格的人：喜欢与人打交道的工作，他们能够不断结交新的朋友，喜欢从事提供信息、启迪、帮助、培训、开发或治疗等事务性的工作，如教育工作者（教师、教育行政人员），社会工作者（咨询人员、公关人员）。

2. 企业型（E）

共同特征：追求权力、权威和物质财富，具有领导才能。喜欢竞争、敢冒风险、有野心、有抱负。为人务实，习惯以利益得失、权力、地位、金钱等来衡量做事的价值，做事有较强的目的性。

企业型人格的人：具备经营、管理、劝服、监督和领导才能，喜欢政治、社会及经济领域的工作，并具备相应的能力，如项目经理、销售人员、营销管理人员、政府官员、企业领导、法官、律师。

3. 常规型（C）

共同特征：尊重权威和规章制度，喜欢按计划办事，细心、有条理，习惯接受他人的指挥和领导，自己不谋求领导职务。喜欢关注实际和细节，通常较为谨慎和保守，缺乏创造性，不喜欢冒险和竞争，富有自我牺牲精神。

常规型人格的人：办事有系统、有条理，喜欢记录、归档，据特定要求或程序组织数据和文字信息的职业，并具备相应能力，如秘书、办公室人员、记事员、会计、行政助理、图书馆管理员、出纳员、打字员、投资分析员。

4. 现实型（R）

共同特征：愿意使用工具从事操作性工作，动手能力强，做事手脚灵活，动作协调。偏好于具体任务，不善言辞，做事保守，较为谦虚。缺乏社交能力，通常喜欢独立做事。

现实型人格的人：喜欢使用工具、机器，对基本操作技能要求较高的工作。他们对从事与物件、机器、工具、运动器材、植物、动物相关的职业有兴趣，并具备相应能力，如技术性职业（计算机硬件人员、摄影师、制图员、机械装配工），技能性职业（木匠、厨师、技工、修理工、农民）。

5. 研究型（I）

共同特征：思想家而非实干家，抽象思维能力强，求知欲强，肯动脑，善思考。喜欢独立和富有创造性的工作。知识渊博，有学识才能，但不善于领导他人。考虑问题理性，做事喜欢精确，喜欢逻辑分析和推理，喜欢不断探讨未知的领域。

研究型人格的人：喜欢智力的、抽象的、分析的、独立的定向任务，他们具备智力或分析才能，并将其用于观察、估测、衡量、形成理论、最终解决问题的工作，具

备相应的能力,如科学研究人员、教师、工程师、电脑编程人员、医生、系统分析员。

6. **艺术型**(A)

共同特征:有创造力,乐于创造新颖、与众不同的成果,渴望表现自己的个性,实现自身的价值。做事理想化,追求完美,不重实际。具有一定的艺术才能和个性,善于表达。

艺术型人格的人:具备艺术修养、创造力、表达能力,并运用语言、行为、声音、颜色表达审美、思索和感受,具备相应的能力,但他们不善于事务性的工作,艺术方面如演员、导演、艺术设计师、雕刻家、建筑师、摄影家、广告制作人,音乐方面如歌唱家、作曲家、乐队指挥,文学方面如小说家、诗人、剧作家。

各种类型之间存在着一致、相近、排斥和中性四种关系。测评结果中,最高分数的类型即第一位是主要类型,排在后两位的类型可按照上述内容进行一定的推断与验证。

【测一测】霍兰德职业兴趣测试题

本问卷共90道题目,每道题目为一个陈述,请你根据自己的真实情况对这些陈述进行评价,如果符合实际情况就在相应的题目前打"√",否则打"×",不要漏答。

1. 强壮而敏捷的身体对我很重要。
2. 我必须彻底地了解事情的真相。
3. 我的心情受音乐、色彩和美丽事物的影响极大。
4. 和他人的关系丰富了我的生命并使它有意义。
5. 我自信会成功。
6. 我做事必须有清楚的指引。
7. 我擅长自己制作、修理东西。
8. 我可以花很长的时间去想通事情的道理。
9. 我重视美丽的环境。
10. 我愿意花时间帮别人解决个人危机。
11. 我喜欢竞争。
12. 我在开始一个计划前会花很多时间去制订计划。
13. 我喜欢使用双手做事。
14. 探索新构思使我满意。
15. 我会寻求新方法来发挥我的创造力。
16. 我认为能把自己的焦虑和别人分担是很重要的。

17. 成为群体中的关键任务执行者,对我很重要。
18. 我对于自己能重视工作中的所有细节感到骄傲。
19. 我不在乎工作把手弄脏。
20. 我认为教育是一个发展及磨炼脑力的终身学习的过程。
21. 我喜欢非正式的穿着,尝试新颜色和新款式。
22. 我常能体会到某人想要和他人沟通的需要。
23. 我喜欢帮助别人不断改进。
24. 我在决策时,通常不愿冒险。
25. 我喜欢购买小零件做成成品。
26. 有时我长时间阅读,玩拼图游戏,冥想生命的本质。
27. 我有很强的想象力。
28. 我喜欢帮助别人发挥天赋和才能。
29. 我喜欢监督事情直至完工。
30. 如果面对一个新情景,我会在事前做充分的准备。
31. 我喜欢独立完成一项任务。
32. 我渴望阅读或思考任何可以引发我好奇心的东西。
33. 我喜欢尝试创新的概念。
34. 如果我和别人产生摩擦,我会不断尝试化干戈为玉帛。
35. 要成功就必须定高目标。
36. 我喜欢为重大决策负责。
37. 我喜欢直言不讳,不喜欢转弯抹角。
38. 我在解决问题前,必须把问题进行彻底分析。
39. 我喜欢重新布置我的环境,使它们与众不同。
40. 我经常借着和别人交谈来解决自己的问题。
41. 我常想起草一个计划,而由别人完成细节。
42. 准时对我来说非常重要。
43. 从事户外活动令我神清气爽。
44. 我不断地问为什么。
45. 我喜欢自己的工作能够抒发我的情绪和感觉。
46. 我喜欢帮助别人找可以和他人相互关注的办法。
47. 能够参与重大决策是件令人兴奋的事情。
48. 我经常保持清洁,喜欢有条不紊。

49. 我喜欢周边环境简单而实际。
50. 我会不断地思索一个问题，直到找出答案为止。
51. 大自然的美深深地触动我的灵魂。
52. 亲密的人际关系对我很重要。
53. 升迁和进步对我极为重要。
54. 当我把每日工作计划好时，我会较有安全感。
55. 我不害怕过重的工作负荷且知道工作的重点。
56. 我喜欢能使我思考，给我新观念的书。
57. 我希望能看到艺术表演极好的电影。
58. 我对别人的情绪低潮相当敏感。
59. 能影响别人使我感到兴奋。
60. 当我答应一件事时，我会竭尽监督所有细节。
61. 我希望在工作中不会伤害任何人。
62. 我希望能学习所有使我感兴趣的科目。
63. 我希望能做些与众不同的事。
64. 我对别人的困难乐于伸出援手。
65. 我愿意冒一点险以求进步。
66. 当我遵守规矩时，我感到安全。
67. 我在选车时，最先注意好的引擎。
68. 我喜欢能刺激我思考的话。
69. 当我从事创造性的工作时，我会忘掉一切旧经验。
70. 我对社会上有许多人需要帮助感到关注。
71. 说服别人依计划行事是件有趣的事情。
72. 我擅长于检查细节。
73. 我通常知道如何应对紧急事件。
74. 阅读新发现的书是件令人兴奋的事情。
75. 我喜欢美丽、不平凡的东西。
76. 我经常关心孤独、不友善的人。
77. 我喜欢讨价还价。
78. 我花钱时小心翼翼。
79. 我用运动来保持强壮的身体。
80. 我经常对大自然的奥秘感到好奇。

81.尝试不平凡的新事物是件相当有趣的事情。

82.当别人向我诉说他的困难时,我是个好听众。

83.做事失败了,我会再接再厉。

84.我需要确切地知道别人对我的要求是什么。

85.我喜欢把东西拆开,看看能否修理他们。

86.我喜欢研读所有的事实,再有逻辑地做出决定。

87.没有美丽事物的生活,对我而言是不可思议的。

88.人们经常告诉我他们的问题。

89.我常能借着网络和别人取得联系。

90.小心谨慎地完成一件事是件有成就感的事情。

评分办法:表 2-1-1 中的数字代表上列兴趣测验中的题号。

表 2-1-1 职业兴趣测试题表

人格类型	对应题号
现实型	1 7 13 19 25 31 37 43 49 55 61 67 73 79 85
研究型	2 8 14 20 26 32 38 44 50 56 62 68 74 80 86
艺术型	3 9 15 21 27 33 39 45 51 57 63 69 75 81 87
社会型	4 10 16 22 28 34 40 46 52 58 64 70 76 82 88
企业型	5 11 17 23 29 35 41 47 53 59 65 71 77 83 89
常规型	6 12 18 24 30 36 42 48 54 60 66 72 78 84 90

请算出每种类型打“√”的数目,并填在下面。

现实型______ 研究型______ 艺术型______

社会型______ 企业型______ 常规型______

将上述人格类型按分数从高到低依次排好,并填在下面。

第一位______ 第二位______ 第三位______

第四位______ 第五位______ 第六位______

任务二　剖析要素　合理规划

目前流行考研族、考碗族、毕婚族、留学族、啃老族，他们都认为，职业生涯规划对他们来说无关紧要或离他们很远，大家对此有什么看法？

知识链接

一、要素剖析

大学生要把职业生涯规划好，必须充分地了解自己、了解职业、了解社会发展趋势三方面的基本要素。

（一）了解自己——利于确定自己的职业发展方向

为了进一步了解自己，了解自己的优势和潜力，真正做到知己知彼，我们必须用80%的精力扩展自己的长项，将优势发挥到极致；用20%的精力弥补、规避短项，将弱势减少到最小。

每个人必有某种过人之处，那就是你真正擅长的事情。寻找你的优势和擅长的领域，把精力集中于此并专注地学习、奋斗，就能获得比在任何其他领域更多的成就。正如周哈里窗中所说的潜在的我，大学生应发挥潜能并抓住机遇，充分展现自我才能。

每个人都会成功，不同的人有不同的方法和路径。大学生要学习成功人士的专业精神和工作态度，学习与自己个性相同人的成功方法和路径。

（二）了解职业——利于做好选择和规划

每一个人应该清楚地了解自己的态度、能力、兴趣、智慧、局限和其他特征；清楚地了解职业的条件、所需知识，自己在不同工作岗位上所拥有的优势、劣势、机会和前途。

职业选择是根据自身兴趣、爱好、能力等因素选择适合自己的职业的过程，简单地讲就是找一份工作。它是职业生涯规划中的重要一环,但并不等同于职业生涯规划。实际上职业与人匹配可以分为两种类型,一种是因素匹配(活找人),即职业与掌握该职业所需技能和知识的择业者匹配。另一种是特性匹配(人找活),即个人应根据自身条件和特点去寻找适合自己的职业。我们应根据具体情况选择规划,并及时核对、调整先天特质与未来工作的匹配度。实际上,86%的人职业定位不清;78%的人自我认知欠缺。

(三)了解社会发展趋势——利于合理实施职涯规划

社会发展趋势是现行社会制度、政治、经济、民意民生、法律法规、综合国力、国际形势等影响社会向某个方向或某种结果发展的势态。比如现在我们国家比较重视将科技发展成果应用于农业、航天、交通、能源、军事、信息技术等领域。

当下,职业发展的态势表现为第一、第二产业的社会职业以消亡变动和重组为主,第三产业正在迅猛发展,特别是信息产业,发展潜力巨大。这些新兴行业的出现和兴起将为社会提供更多的就业岗位。而且由于新技术、新成果的不断推广应用,又为传统行业提供了新的发展机遇。

在校大学生应该根据自己的兴趣、性格、能力择业,把握好自己喜欢干什么、适合干什么、能干什么、最想从工作中获取到什么等。

二、职业生涯规划

(一)职业生涯规划概念的提出

职业生涯规划最早起源于1908年的美国。有“职业指导之父”之称的弗兰克·帕森斯(Frank Parsons)针对大量年轻人失业的情况,成立了世界上第一个职业咨询机构——波士顿地方就业局,首次提出了“职业咨询”的概念。后来,他又提出“职业辅导”的概念。职业辅导运动起源于美国20世纪中叶,之后舒伯在发展了金斯伯格等人的理论的基础上,提出个人生涯发展的五个时期,标志着职业辅导转变为生涯辅导。到20世纪五六十年代,舒伯等人提出“生涯”的概念,生涯规划不再局限于职业指导等方面。

随着生涯辅导的推进,1971年美国联邦教育署署长西德尼·马兰倡导以“生涯教育”概念为标志的美国生涯教育运动,提出“所有的教育都是生涯教育”的观点。后来,布里奇特·A.赖特撰著《成功的职业生涯规划》一书,正式提出了“职业生涯规划”这一概念。

在我国,职业生涯规划是近些年才兴起的。国家人事部人才信息开发研究室主任罗双平于1995年编写出版了《职业生涯规划》一书,同时陈黎明、樊钉、湛新

民、姚裕群等人相继发表系列职业生涯规划专著，拉开了职业生涯设计的序幕。

随后，国家成立相关的研究所、研究机构，如南京理工大学人文学院、北京大学社会学系等，促进了部分专家深入研究职业生涯规划的问题。

2001年，北京大学社会学系副教授佟新在《社会学研究》上发表《职业生涯》研究论文，进一步推动了我国职业生涯设计的发展。

（二）职业生涯规划的内涵

职业生涯就是一个人终生的工作经历。其最重要的是确定方向，一定程度上，选择比努力更重要。企业需要管理，人生需要规划，否则，就可能永远原地踏步，无法前进。一个人的事业究竟应向哪个方向发展，他的一生要稳定地从事哪种职业类型、扮演何种职业角色，都可以在此之前做出设想和规划。

职业生涯规划(career planning)简称生涯规划，又叫职业生涯设计，是指个人在进行自我剖析，全面客观地认知主、客观因素与环境因素的基础上，进行自我定位，设定自己的职业生涯发展目标，选择既定目标的职业，制订相应的教育、培训、工作开发计划，并且采取各种积极的行动去实现职业生涯目标的过程。

职业生涯规划包括两个层次的问题：一个是生涯角色间生涯形态的规划，其是指在时间和空间的向度下，如何来组合各种角色；另一个是生涯角色内生涯目标的问题，其是指在各个角色中，要追求哪些职务或实现哪些目标。职业生涯目标按时间进程分为短期目标（日目标、周目标、月目标、年目标）、中期目标、长期目标；按性质分为外职业生涯目标和内职业生涯目标。

职业生涯规划的这两个问题并不是独立的，而是相互联系的，通过对这两个层次问题的思考和规划，能够寻求满足我们生涯需求、实现我们人生价值的途径。

“知己知彼，百战不殆”。“知己”是了解自己本身的特性，“知彼”是了解工作舞台的特性。只有做到知己知彼，才能把已确定的个人生涯目标转化为现实。只有做到知己知彼，确定的目标、决策和行动才有实现的可能，才能制订出好的职业生涯规划。

（三）职业生涯规划的步骤

弄清“我是谁”，是进行职业生涯规划的基础，也是职业生涯规划的难关。认识自己是一件很困难的事，尤其是能认识自己的短处则更加困难，不能准确地认识自己的长处、短处，不能“兴其利，改其弊”，也是无法实现自己的职业目标的。

可见，要做好职业生涯规划首先应该进行自我评估，所谓自我评估就是对自己进行全面分析，通过自我分析认识自己、了解自己。因为只有认识了自己，明确了自己的长处,才能正确选择自己要从事的职业,才能选定适合自己发展的职业生涯路线。

只有充分认识自己,才能更好地提升自己。当前激烈的竞争环境,使人们充分认识到了不断提高自我的必要性。然而,个人的时间与精力毕竟是有限的,只有找准自己需要提升的环节,才能使自己获得更快速的成长。

如果不能正确地对自己进行评估,认识到自己的个性特征、能力和兴趣等方面的优势和劣势,称心如意的工作只会越来越难找。

其次,确定职业生涯目标,它是个人对未来职业生活的构想和规划。大学生应当确立清晰的职业生涯目标,即明确自己毕业后准备从事什么行业、什么职业。当然,任何人的职业理想都要受到社会环境和社会现实的影响和制约,因此,在确定职业生涯目标时,大学生应当以社会发展的需求为客观依据,以自己的兴趣爱好和能力为主观依据。

最后,大学生应在充分认识自我和对外部环境进行评估的基础上做出职业选择,合理地、正确地进行职业生涯规划。有了明确的目标和方向,才能努力朝着目标前进,实现自己的理想。

(四)职业生涯规划的意义

哈佛大学用25年对一部分人的职业生涯规划进行了跟踪调查,其结果显示如下。

3%的人,有清晰、长期目标,经过不懈努力,成为成功人士,如行业领袖、社会精英;

10%的人,有清晰、短期目标,目标不断实现,最终成为各领域专业人士,处于社会中上层;

60%的人,目标模糊,只要有安稳的生活与工作即可满足,无特别成绩,处于社会中下层;

27%的人,没有目标,事事不如意,常抱怨别人、社会和自己。

目前我们一致认为,职业生涯规划的意义表现为以下几方面。

(1)有助于学生认识自我、科学规划、全面发展,能够帮助个人确定职业发展的目标和方向。职业生涯规划可以帮助个人对自我进行全面的分析,从而认识自己,了解自己的特点和兴趣,评估自己的能力、优势和不足。

(2)有助于学生认识社会,积极就业,实现人生价值。职业生涯规划一方面让个人明确了努力的目标,另一方面也是督促个人努力工作的动力。职业生涯规划

就好像给自己树立了一个明确的标靶，在有了明确目标的条件下，才能奋勇前进。

(3)有助于合理安排日常工作。制订职业生涯规划的一个重要作用就是帮助人们合理安排日常工作，评价工作的轻重缓急。没有职业生涯规划，就很容易被日常事务所缠绕，甚至被日常琐碎的事务掩埋，无法实现人生目标。通过职业生涯规划，能够使我们紧紧抓住工作的重点，增大成功的可能性。

(4)有助于学生认识职业、充分准备、理性选择，能够激发个人潜能。职业生涯规划能够帮助我们集中精力，为实现自己的职业目标尽可能发挥个人的潜能。一个人的潜在能力是无限的，需要我们充分地去挖掘。

职业生涯规划还需关注的因素

大学生在规划职业生涯时，还需关注目标、决策、行动等因素。

目标就是为自己确定的职业目标，考虑自己职业生涯的前景，确定切合实际的目标，然后指导行动。目标是职业生涯规划过程中的核心要素，是最后决策的主要依据。

决策就是决定的策略和办法，包括决策类型、决策风格、决策过程及可能面临的冲突、阻力、助力等。在决策之后就要选择职业发展路线，然后采取行动。

行动就是去落实前期的设想，它是职业生涯规划中极其重要的一个环节，即使前面的所有工作都做得很好，但如果没有行动去实现，这些规划都只不过是空中楼阁而已。

当然，进行职业生涯规划，单单了解自己是不够的，大学生还需要了解自己生存的大环境。大环境包括对社会环境、政治环境、经济环境、科学环境、文化环境、自然环境等方面的态势分析。这样才能知道“我可以做什么”，才能使自己的职业生涯规划具有实际意义和可行性，才能做到“顺势而为”。“千里之行，始于足下”。制订的规划再好，如果不实施，也是不可能实现目标的。

三、职业生涯规划中存在的问题

1. 忽视职业生涯规划

在校大学生普遍缺乏职业生涯规划的意识，真正了解职业生涯规划的大学生更是为数不多。据网上问卷调查，“你是否对自己的职业生涯有过规划”，回答“有规划”的只占被调查者的20.1%。有的学生认为，自己尚处于学习阶段，未来有太多的不确定因素，"计划赶不上变化"，所以现在规划自己为时过早；有的学生则毫不怀疑地认为，职业生涯规划是毕业生的主要任务，处于其他年级的学生不必为职业规划而浪费时间；有的学生则认为能否就业不是自己能说了算的，只好听天由命。这些看法造成的后果是其学习无目的性，荒废了大好时光，面对就业问题时容易陷入盲目状态。

2.把职业生涯规划等同于职业选择

职业生涯规划是一个周而复始的连续过程，它主要包括达到人生目标的步骤、方法和时间安排，其过程包括确定志向、自我评估、生涯机会评估、职业选择、职业生涯路线选择、确定目标、制订行动计划、评估与反馈等八个步骤；而职业选择实际上是根据自身兴趣、爱好、能力等因素选择适合自己的工作的过程，它也是职业生涯规划中重要的一环。

3.自我定位不准

庸才只不过是放错位置的精英。自我定位不准主要表现在过高估计自己，"眼高手低"，或对自己的职业前景没信心，更不能结合就业市场的实际来确定职业目标。有些学生在职业选择方面，缺乏科学的方法，没有很好地了解自己的个性特点，也没有很好地将自己的个性特点与所选择的职业进行合理匹配。

4.急功近利，就业观念与形势发展不适应

大多数学生在多种职业机会面前，不能根据自身条件做出有利判断，对外界的职业信息不能做出合理的筛选，以至于错过就业机会或晋升机会。应届毕业生应该脚踏实地，从底层做起，从普通岗位做起，通过积累和发挥自身的能力获得更好的岗位。大学生要认清目前的就业形势，调整自身的就业期望值，将它放到一个合理的、合适的水平，才能走好职业成功的第一步。

5.缺乏连续性、自觉性与动态评估

职业生涯规划不是一蹴而就的，需要一个长期的连续过程，并且在执行过程中要对职业目标和实施策略进行动态的评估以检验其正确性、合理性与可行性。对于职业目标和策略措施，大学生往往侧重于制定和执行，忽略了过程中动态的测评、反馈和评估，出现问题时不能及时检测、发现、修正和完善，导致最终无法实现预期目标。总之，职业生涯规划是个人对自己一生职业发展总体计划和总轮廓的勾画，具有粗略性、目标性、长期性和全局性的特点，它为职业发展指明了途径和方向。

四、五种动物特质人的职业规划

（一）不同动物特质人的天赋（个性特征）

不同动物特质人的天赋(个性特征)见表 2-2-1。

表 2-2-1 不同动物特质人的天赋(个性特征)

类别	天赋	类别	天赋
老虎	勇敢、挑战、积极	蜜蜂	品质、程序、分工
海豚	热情、分享、乐观	八爪鱼	整合、弹性
企鹅	耐心、和谐、合作	—	—

（二）不同动物特质人的能力与职业规划

1. 老虎特质人的个性特点、职场特征和职业选择

老虎特质人的个性特点、职场特征和职业选择见表 2-2-2。

表 2-2-2 老虎特质人的个性特点、职场特征和职业选择

<table>
<tr><th colspan="2">个性特点</th><th>职场特征</th><th colspan="2">职业选择</th></tr>
<tr><td>个性优势</td><td>个性不足</td><td rowspan="5">1. 进入新环境：想要控制该环境；
2. 执行一项新任务：喜欢凡事都在掌控中，独立完成；
3. 对团队的贡献：对目标的执行力让人敬佩，可以成为团队学习的对象；
4. 最舒适的状态：若身为部属，会希望被充分授权，不喜欢太多限制和干扰；
5. 最讨厌面对的状况：别人侵犯或是进入自己的领域时会不舒服，必要时会发动攻击</td><td>魅力所在</td><td>最佳职业</td></tr>
<tr><td>勇于尝试</td><td>不善合作</td><td rowspan="4">1. 勇往直前，不畏艰难，受挫力强；
2. 要完成的事情具有挑战性时会做得很起劲，并相信自己能做得到</td><td rowspan="4">1. 主动掌握的工作：管理工作、营销策划、业务开发、市场开发等；
2. 开创性工作：新产品开发或新市场开创的负责人；
3. 可独立作业的工作：加盟商、代理商、经销商、区域代表等</td></tr>
<tr><td>自信、敢担当</td><td>没耐心、易冲动</td></tr>
<tr><td>胸怀大志</td><td>见林不见树</td></tr>
</table>

2. 海豚特质人的个性特点、职场特征和职业选择

海豚特质的个性特点、职场特质和职业选择见表 2-2-3。

表 2-2-3 海豚特质人的个性特点、职场特征和职业选择

<table>
<tr><th colspan="2">个性特点</th><th rowspan="2">职场特征</th><th colspan="2">职业选择</th></tr>
<tr><th>个性优势</th><th>个性不足</th><th>魅力所在</th><th>最佳职业</th></tr>
<tr><td>表达能力强</td><td>粗心、不够专注</td><td rowspan="3">1. 进入新环境：能够立即融入环境与陌生人打成一片；
2. 执行一项新任务：喜欢欢乐有趣，一群人边工作边玩；
3. 对团队的贡献：常有新鲜的创意和想法，活跃团队气氛，可以给团队不断地注入活力；
4. 最舒适的状态：愿意与他人近距离接触，感觉到被环境或人们所喜欢的时候；
5. 最讨厌面对的状况：不是一个攻击性强的人，对方让他不愉快时，他可能会选择不再与对方说话或交往</td><td rowspan="3">1. 热情、阳光、善用幽默感去影响别人、帮助别人，这项魅力是别人难以抗拒的；
2. 没有太多传统规则限制和约束，抓住机会并努力去完成，与朋友一起行动，会更有产能</td><td rowspan="3">1. 注重形象的工作：银行、百货、顾问、餐饮、公关、咨询等；
2. 宣扬理念、主动与人分享的工作：教师、电台主持人、记者、销售等；
3. 以群体为主的工作：管理工作、经营企划、市场开发等</td></tr>
<tr><td>乐于分享</td><td>不喜欢单独行动</td></tr>
<tr><td>不怕陌生人</td><td>边聊边想、边想边说</td></tr>
</table>

3. 企鹅特质人的个性特点、职场特征和职业选择

企鹅特质人的个性特点、职场特质和职业选择见表 2-2-4。

表 2-2-4 企鹅特质人的个性特点、职场特征和职业选择

<table>
<tr><th colspan="2">个性特点</th><th rowspan="2">职场特征</th><th colspan="2">职业选择</th></tr>
<tr><th>个性优势</th><th>个性不足</th><th>魅力所在</th><th>最佳职业</th></tr>
<tr><td>踏实稳健</td><td>容易“想当然”</td><td rowspan="3">1. 进入新环境：面对一个全新的环境，需要较长时间才能融入和适应；
2. 执行一项新任务：喜欢温馨和谐、不分你我、合力完成的工作氛围；
3. 对团队的贡献：以团体为导向，是个相当合群的人，会给团队注入一股稳定的力量；
4. 最舒适的状态：和谐温馨、融洽的环境会让他感到舒适；
5. 最讨厌面对的状况：不会被轻易惹毛，但容易因为累积过久的不满而一次爆发，难以收拾</td><td rowspan="3">1. 亲切、温和、内敛、稳重的性格是他人所不能及的；
2. 习惯做例行性的工作，尽量让他有充分的时间去酝酿计划，对一件事熟练后，会有持续性的高产能表现</td><td rowspan="3">1. 需亲切服务“人”的工作：客服、咨询、医疗、教育、售后服务等；
2. 需稳定持续改善“事”的工作：财会人员、内勤管理、文书总务、研究发展等；
3. 需做长远考虑的工作：会计师、程序设计师、精算师、公职人员、建筑师等</td></tr>
<tr><td>耐心坚持</td><td>很难适应环境的变化</td></tr>
<tr><td>待人亲切</td><td>反应缓慢</td></tr>
</table>

4. 蜜蜂特质人的个性特点、职场特征和职业选择

蜜蜂特质人的个性特点、职场特征和职业选择见表 2－2－5。

表 2－2－5　蜜蜂特质人的个性特点、职场特征和职业选择

<table>
<tr><th colspan="2">个性特点</th><th rowspan="2">职场特征</th><th colspan="2">职业选择</th></tr>
<tr><th>个性优势</th><th>个性不足</th><th>魅力所在</th><th>最佳职业</th></tr>
<tr><td>深思熟虑</td><td>太过追求完美</td><td rowspan="3">1. 进入新环境：先了解该环境的各项规则；
2. 执行一项新任务：喜欢分工清楚，章法明确，重视标准作业流程；
3. 对团队的贡献：喜欢评估风险，对于危机十分敏感，因此会帮团队评估各项新方案的可行性；
4. 最舒适的状态：非常尊重别人，也希望别人尊重自己，在被人尊重的环境下，会感到舒适，愿意全心付出；
5. 最讨厌面对的状况：讨厌出错或面临尴尬，不喜欢在没有准备好的情况下表现自己</td><td rowspan="3">1. 注重承诺，做事的质量和精确度完全值得信赖，力求完美，专业的态度会让人欣赏；
2. 在有条不紊的环境中工作较有产能，受过良好的训练，对标准作业程序十分了解后，会运用专业知识和技能让工作达到完美状态</td><td rowspan="3">1. 重规范与制度的工作：财会、物流管理、内勤管理、文书总务等；
2. 对准确性要求高的工作：会计师、工程师、精算师、律师、医师、建筑师等；
3. 重公平、重是非的工作：法官、裁判、审核、警察、检察官等</td></tr>
<tr><td>认真、重承诺</td><td>不够灵活和变通</td></tr>
<tr><td>谨慎、细致</td><td>爱钻牛角尖</td></tr>
</table>

5. 八爪鱼特质人的个性特点、职场特征和职业选择

八爪鱼特质人的个性特点、职场特质和职业选择见表2-2-6。

表2-2-6 八爪鱼特质人的个性特点、职场特征和职业选择

个性特点		职场特征	职业选择	
个性优势	个性不足		魅力所在	最佳职业
博学多闻	易给人善变、没原则的印象	1. 进入新环境：会先观察环境的安全性再决定要不要融入； 2. 执行一项新任务：喜欢有前例可考究，数据、讯息来源充足的事情； 3. 与人相处：整合能力强，待人处事面面俱到； 4. 对团队的贡献：会帮助团队争取最大的利益； 5. 最舒适的状态：安全感对他非常重要，因此环境愈明朗愈自在； 6. 最讨厌面对的状况：面对无前例可参考的状况	1. 喜欢广泛地去接触人、事物，也因此博学多闻、多才多艺，这一点会让许多人欣赏； 2. 充分了解环境之后与团队一起合作完成一件事； 3. 擅长收集相关资讯，并能迅速整合，协调出最适合的解决方案	1. 整合能力强的工作：人事管理、谈判人员、外交人员、公关人员、发言人等； 2. 周延思考的工作：特别助理、秘书、企划师、总务等； 3. 适应力强的工作：客服人员、会议主持人、协商者等
面面俱到	什么都想了解			
做人周到、做事周密	不够专、精			

![训练活动]

训练活动

结合自身以及对应动物的能力、职业特征和职业选择，完成自己的职业生涯规划（以PPT形式展示）。

职业生涯规划书

（一）自我分析

结合个性特质对自己进行全方位、多角度的分析，进行自我认知。

<table>
<tr><td colspan="2">职业兴趣
（喜欢干什么）</td><td></td></tr>
<tr><td colspan="2">职业能力
（能够干什么）</td><td></td></tr>
<tr><td colspan="2">个性特质
（适合干什么）</td><td></td></tr>
<tr><td colspan="2">职业价值观
（最看重什么）</td><td></td></tr>
<tr><td colspan="2">特质能力
（最看重什么）</td><td></td></tr>
<tr><td rowspan="2">个人
经历</td><td>教育（培训）经历</td><td></td></tr>
<tr><td>工作（兼职）经历</td><td></td></tr>
<tr><td colspan="3">自我分析小结：</td></tr>
</table>

（二）职业分析

通过对职业选择的相关外部环境进行较为系统的分析，进行职业认知。

家庭环境分析（如家庭经济状况、家人期望、家族文化等对本人的影响）
学校环境分析（如学校特色、专业学习、实践经验等对本人的影响）
社会环境分析（如就业形势、就业政策、竞争对手等对本人的影响）
职业环境分析 1. 行业分析（如某行业的用人需求情况、发展状况） 2. 职业分析（如某岗位的工作内容以及对员工的基本要求） 3. 地域分析（如某城市的工作发展前景、文化特点、气候水土等）
职业分析小结：

（三）职业定位

根据以上第一部分、第二部分的主要内容，进行个人职业定位。

1. 个人职业发展内外部环境 SWOT 分析

	个人优势(S)	个人劣势(W)
内部环境分析		
	发展机会(O)	职业威胁(T)
外部环境分析		

2. 个人职业发展定位

个人职业 目标	如希望将来从事某职业
职业发展 策略	如希望进入某地区、某类型的组织(如政府、学校、国企、私企等)
职业发展 路径	如希望从事的工作类型、职位、职称等

(四)职业规划实施计划

名称	短期计划(大学毕业前)
时间段	从　　年　　月至　　年　　月
主要目标	如毕业时要达到……
细分目标	如大一要达到……,大二要达到……,或在某方面要达到……
主要行动	
备注	

名称	中期计划(大学毕业至毕业后五年)
时间段	从　　年　　月至　　年　　月
主要目标	如毕业后第五年要达到……
细分目标	如毕业后第一年要……,第二年要……,或在某方面要达到……
主要行动	
备注	

名称	长期计划(毕业后十年或以上计划)
时间段	从　　年　　月至　　年　　月
主要目标	如退休时要达到……
细分目标	如毕业后第十年要……,第二十年要……,或在某方面要达到……
主要行动	
备注	

(五)评估调整与备选方案

职业生涯规划是一个动态的过程,必须根据实际情况,以及环境变化进行及时的评估与修正。如果情况发生变化,个人是否需要考虑重新选择职业?个人职业发展的备选方案是什么?为什么?

(六)职业生涯规划小结

【职业生涯规划书范例】

引　　言

每天，有太多的人沉沦于日复一日单调的学习和生活中，却感到无力改变，这些人中也包括我自己。我想很多人都憧憬过自己的未来，希望自己的将来有不错的成就，我也问过我自己：“在机遇与挑战并存的未来社会里，我到底该扮演一个什么角色呢?”现实是残酷的，当今社会是一个经济快速发展、充满竞争的社会，大多数大学生对自己的前途都很迷茫，而提前做好规划可以让我们在严峻的就业形势面前做得更好，在应聘者大军中脱颖而出，为我们以后更好地适应这个社会打下有力的基础。因此，我们必须要计划生活、计划未来。

一、认识自我

1.1 个人基本情况

姓名		出生年月		学历	
性别		籍贯		政治面貌	
学校		专业		现任职务	
职业发展路径					
职业总目标					
优点	(1)对生活充满热情，对认定的事情充满激情，有责任心； (2)乐观、交际能力强、善于和人沟通； (3)有同情心，喜欢帮助他人，有一定的奉献精神； (4)团队意识较强； (5)生活上勤俭节约，基本不乱花钱，有理财意识； (6)喜欢钻研数码产品，基本的办公软件运用自如； (7)善于忍耐，能够较好地控制自己的情绪				
缺点	(1)惰性较大，平日里有些懒散； (2)固执而又犹豫不决； (3)不喜欢抛头露面				

1.2 **职业兴趣**

在上大学之前，自以为是的我把社会想得太简单，觉得自己喜欢什么就可以干什么，兴趣是最好的老师。但是在上了一年大学之后，我发现我错得很离谱。

兴趣只是一个很浅的层次，在将感兴趣的东西一层层剥开研究的过程中，我们就会发现并不是自己想象的那么简单。

1.3 **职业能力及适应性**

我在霍兰德职业兴趣测评中，测出了如下数据。

(1)常规型 conventiona1(C)：您尊重权威与规章制度，喜欢按计划办事，习惯接受他人领导和指挥，喜欢关注实际的问题，通常较为谨慎和保守，缺乏创造性。

(2)企业型 enterprising(E)：您敢于冒险、有野心。为人务实，习惯以权力、利益、金钱来衡量做事的价值，有较强的目的性。

(3)社会型 socia1(S)：您喜欢与人交往、不断认识新的朋友、善于言谈、愿意开导别人。关心社会问题，渴望发挥自己的社会作用。寻求广泛的人际关系，比较看重社会义务和社会道德。

附：CES 三个字母的组合就是我的职业倾向与兴趣，首字母则意味着我最倾向的职业类型。第二个和第三个字母所代表的职业倾向次之。

个人觉得测试结果和我还是比较符合的，得分最好的是常规型，喜欢精确性，有系统、有条理，适合记录、归档，据特定要求处理数据和文字信息的职业。如：行政助理、数据分析员、数据管理员、办公室人员。测试结果和我以前的兴趣“创业”理想相差甚多。

1.4 **职业价值观**

我的职业价值观很简单，做一个实用主义者，对于职业来说，我个人觉得最重要的就是实用性。最好是那种实实在在为自己为社会做有益事业的职业。但我不会安于现状，毕竟人还是要往高处走，我会在生活基本稳定后谋求更高一级的发展，之后找工作必将优先考虑福利待遇。

1.5 **胜任能力**

我的优势：做事比较负责任、有耐心；时间观念强；遇到突发情况大多数时候我能保持一定的冷静并克制自己的情绪；在听从领导的安排时能适当保留自己的意见，能做到首先服从，后提出意见；有较强的毅力。

我的劣势：有些固执己见和自以为是；有些懒散，投机取巧；感情用事，比较冲动。

二、职业生涯条件分析

2.1 家庭环境分析

我家在陕西省的一个普通乡镇上，父母都是地地道道的农民，知识文化水平有限，可以教我的也不多，但是他们教会了我真诚、包容、感恩、脚踏实地。由于我从初中起就一直在上寄宿制学校，所以自理能力很强。父母收入有限，所以每个月会固定给我生活费，也因此养成了我建立消费计划的好习惯。表哥和我关系很好，他是一名公务员，在政府部门担任电子信息化科长一职，表哥对我的影响促使我对这个社会有了一定的了解，家人也会常常鼓励我接触社会，所以我想我应该能在毕业之后快速地适应这个社会。

2.2 学校环境分析

我们学校是一所国家重点的专科院校。我学习的是计算机信息管理专业，学校目前很注重我们计算机信息工程学院，为此投入了大量的人力物力，教学质量持续升高，各种设备也都很齐全，使学生更容易接受知识。

2.3 社会环境分析

2.3.1 市场需求大

据国内权威数据统计，未来五年，我国 IT 人才总需求量高达 1 500 万人至 2 000万人。其中“软件开发”“网络工程”“电脑美术”等人才的缺口最为突出。以软件开发为例，我国软件人才需求以每年 20％的速度增长，每年新增需求近百万人。

2.3.2 职业多样化

一般有点规模的公司，现在都有自己的 IT 部门。而 IT 人才现在也不只是在技术岗，也有一些在非技术岗，比如产品、运营。而且随着新兴技术的发展，有关大数据、云计算领域的工作岗位也会越来越多。

2.3.3 职业生涯长

很多人说 IT 行业是吃青春饭，其实不然。IT 人才是通用人才，不受行业发展的限制，也不受年龄和体力的影响，经验越丰富，也就越值钱。

2.3.4 薪酬高

IT 行业的薪酬，一直以来是被其他行业所羡慕的。根据 2016 年发布的“2015—2016 年 IT 行业职场薪资报告”显示：六大类岗位中，产品岗位的平均月薪是最高的，高达 1.45 万元。

2.3.5 工作环境好

一般从事信息产业的企业大都集中在高级写字楼内、国家级或省级软件科技园。工作环境优越，生活设施完善。同行业人才聚集，有利于建立广阔的人脉，为自己的事业奠定稳固的基础。

综上所述，虽然在中国经济整体低迷的情况下，全国就业难，就业紧张，很多IT企业都在缩招，但是相比其他行业，IT行业的总体就业形势还是很乐观的。

将来我们要面临的竞争对手是全国各大高校毕业的大学生。有的毕业生学校比我们好，社会阅历比我们多，实力比我们强……很多优秀的人都在和我们竞争，我们必须不断地完善自己，努力让自己成为一个优秀的大学毕业生。

总的来说，我会在提高自身综合素质的基础上，不断培养自己的创新意识、责任意识和环境适应能力，为就业做好充分的准备。在校期间进一步做好职业生涯规划，了解我所适合的行业的就业形势的最新变化，以备不时之需。

三、职业目标定位及其分解组合

3.1 SWOT 分析

综合以上两章的主要内容，进一步联系自身分析可得出结论如表1所示。

表1 自身SWOT分析

强势(strengths)	弱势(weakness)
善于交际，人际关系好； 心理素质比较强，能够承受得起挫折、失败和压力； 独立处事能力强； 工作积极热情，压力越大越冷静； 勇于突破创新	还没有丰富的实战经验； 不善钻研，难以把自己的知识形成系统； 潜意识的自卑感； 害怕从事单调的工作
机会(opportunities)	威胁(threats)
有一定的社会关系网支持； 大学期间的经历与学习使我具备了一些相关能力； 目标行业有非常好的发展前景； 社会急需专业性人才，所学专业对口	同期毕业人数多，就业形势严峻，竞争激烈； 工作强度大，对专业能力要求较高

3.2 **职业目标**

职业目标规划如表2所示。

表2 **职业目标规划**

规划	成就	期限/年
近期目标	拿到计算机二级证书;英语过四六级	2
中期目标	获得优秀大学毕业生;成为一名共产党员	1
后期目标	考取计算机三级证书;成为高级数据分析师	3

四、评估调整

4.1 **评估的内容**

职业目标评估:假如无法找到合适的工作,那么我将考虑从事其他IT专业的工作。因为我是文科生,首选偏文职类的;其次是行政、销售类工作。

其他因素评估:如果身体、家庭、经济状况,以及机遇情况发生突变,我可能会视情况而定。

4.2 **规划调整的原则**

· 当出现就业前景渺茫时我会调整规划;

· 当发现更好的机遇时我将调整计划;

· 当此行业出现较大改革时我会调整计划。

4.3 **备选方案**

依据所学专业的关联性以及自身的个性特点,我的备选方案有以下几种:

(1)大专毕业后选择专升本,继续深造学习;

(2)做数据库管理工作,从底层到中层再到高层;

(3)从事厨师行业,以后再开一家自己的餐饮小店。

结束语

暂将职业生涯规划做到大学毕业后两年,大学的努力是步入社会之后的基础,大学还可以有所预期,进入社会就有太多的不可控因素,事变则备变。大学期间应该把精力放在学习能力的培养上,毕竟大学只有短短的几年,弹指一挥间,学习方法才是最重要的。

有了自己的计划,固然是好事,但更重要的是要执行计划,我会努力按我的计划去做。希望我的大学是我梦想的跳板,让我能够凭此飞得更高,看得更远。

1. 做你自己的上帝

一日，我与上帝一同出行。

路过一条河时，我看到水里有一个人在挣扎，我指着那个人问："上帝，为什么你不去救那个人，难道他没有向你祈祷吗?"上帝回答："不，他向我祈祷了两次，但我也救了他两次——第一次我让一根圆木从他身边漂过，他没有去抓。第二次我让一个人划着竹筏从他身边经过，他又不肯抓住那个人向他伸出的手。你让我怎样去救他，难道非得我亲手去把他拉上来?"我哑口无言。

我们继续前行，又路过一座城市。我指着城里一个衣衫褴褛的乞丐问："上帝，你为什么不帮那个人脱离贫困，难道他不是你的信徒?"上帝不答，只是指着一座豪宅里的主人说："那个人是他的弟弟，他们的父亲死的时候，按我的旨意将遗产平分给兄弟二人。他自己好吃懒做，不肯上进，你让我怎么帮他? 我对他不公平吗?"

我猛然惊醒：摆在我们面前的机会很多，只是我们自己没有去好好把握。

启示：生活对我们每个人都是公平的，只是我们自己没有好好珍惜，只会一味地抱怨。

我们就是我们自己灵魂的上帝，我们就是自己人生的上帝!

2. 未来终成梦

某高职院校 2014 届毕业生王某，男，性格内向，不善言谈，在校期间学习成绩一般，也很少参加集体活动，是老师同学眼中的"落后分子"。临近毕业，看着同学们相继找到合适的工作，而他的工作仍没有着落，自卑的情绪日益严重，却又不知该如何摆脱，整日精神萎靡、烦躁不安。有工作机会，同学劝他去试试，他总是看看摇头说"我肯定不行"。毕业后，经家人的努力，帮他联系了一家单位，但面试之后在等待结果的时间里，他的精神开始出现恍惚，家人不得已只好先带他进行治疗。

说明：走出校门，面对就业市场的严峻形势，毕业生会表现出一定程度的自卑情绪。他们在择业时缺乏主动争取和利用机遇的心理准备，不敢主动、大胆地与用人单位交谈，不能很好地表达自己；在择业遭受挫折后一蹶不振，对自己评价过低，丧失了应有的自信心。这种心理严重妨碍了一部分毕业生正常的就业竞争。

3. 被动等待，错失良机

浙江某单位向学校发布了要去该校招聘大量人才的信息，校就业指导中心迅速公布信息并电话通知了各学院，各学院积极反应，有的学院书记亲自打电话与对方联系，推荐符合条件的毕业生，有的则主动邀请对方到学院来选毕业生，有的则用特快专递寄出了学生的推荐材料。而与此同时，部分同学却在等待面试通知，认为反正该单位要来校招聘，等来了再投材料也不迟。后来，这家单位真的来了，人事部门负责人却非常抱歉地说："真对不起，其实，我们几天前就已到贵校，但刚跨进贵校校门，就被贵校某学院盛情'拦截'而去，闻讯而来的毕业生一拨又一拨，结果我们的计划提前录满了。"在场的毕业生后悔不已，机会就这样在等待中错过了。

说明：在求职择业过程中，机会对每个人都是均等的，就看你如何把握它。各种招聘人才的信息，每时每刻经过各种渠道在发布、在传递。信息好比是一朵朵浪花，你抓住了，就归你所有；你错过了，就无法回头。因此，只要你认准这条信息对你有用，并且你感兴趣，就必须主动以最快的方式向发出信息方做出反应，让对方知道你、了解你，从而可能选中你。机会往往就是这样被主动者拥有的。

4. 期望值过高

毕业生小王来自云南罗平。临近毕业时他还未落实工作单位。在某管理局的供需见面会上，刚好有一家制药厂要他，专业对口，又是家乡，然而他本人的择业意向却是单位地点必须在昆明市，至于到昆明的什么单位、具体做什么工作都无关紧要，除此以外，什么单位都不考虑。在这种心态下，求职结果自然难以实现。

说明：小王的思想在当前毕业生的择业过程中具有一定的代表性。不少毕业生过于向往经济发达地区，尤其是沿海地区的中心城市，最低的期望也是回自己家乡所在地的中心城市。他们只注重经济文化发达、工作环境优越的一面，而忽视了人才济济、竞争力大的一面。这种择业期望值居高不下，甚至还有逐年上升的趋势，从而导致主观愿望与现实需求之间的巨大落差。

5. 张某和他的职业规划

张某是某职业技术学院的旅游管理专业学生，现在在某酒店实习。张某当初选择旅游管理专业是经过深思熟虑后决定的，他喜欢这个行业，认为这个行业也适合自己活泼开朗的个性，而且父母也都尊重支持他的选择。大学两年的基础课和专业课的学习，让他对自己的专业有了更深层次的了解。

目前，张某实习的岗位是酒店前厅部的康乐中心，有很多健身设备和游泳池。平时要做的工作就是向客人介绍设备设施，与客人交流了解需要改进的地方，随时满足客人提出的服务需求。酒店入住的国外客人比较多，而且国外客人也更喜欢到康乐中心健身，张某在学校学过的旅游英语和酒店英语派上了用场。客人日常的对话他都能听懂，与客人进行简单的对话也没问题。

实习两个月，他的英语听力和口语水平也大有提高。张某现在是“带薪实习”，每个月基本工资2 000元，加上部门奖励和提成，每月收入6 000多元，而且包吃住，条件还不错。如果一年实习期满后能顺利留下，收入将翻倍。张某对自己一年以后的就业前景非常乐观。

说明：成功是靠自己的努力、勤奋加上别人的认可换来的，并不是别人给的。想想你想要什么？你怎样去得到它？规划一下自己的人生，然后为了你的理想、你的目标，行动吧！

了解他人　高效沟通

内容提要

常言道，万物生长盼风调雨顺，谋事创业求天地人和。其中所蕴含的道理就是不同事物之间的彼此契合，相生相长，所追求的是一种大和谐的境界。毫无疑问，在社会交际领域，和谐同样是一个极其重要的概念。要做到和谐，就要学会人际交往与沟通，了解他人，达到高效沟通。你是否能明白他人讲的话？你是否能理解他人讲的话？他人是否能理解你讲的话？准确知己识人，修炼沟通艺术。

学习目标

1. 了解沟通的内涵，掌握沟通的分类、模式、层次。
2. 了解有效沟通，掌握有效沟通的条件和重要性。
3. 掌握常用的沟通技巧。
4. 熟悉五种动物特质人的沟通要点。

能力目标

1. 能通过了解自己，了解他人，进而了解人和人之间的个性差异。
2. 学会用他人喜欢的方式交流，用对方可以听懂的语言交流，和谐共处。
3. 在日常生活中能正确运用沟通技巧达到沟通目的。
4. 会结合五种动物的沟通要点实现沟通。

思政目标

1. 遵守多听、少说、多做的三原则。
2. 构建良好的人际关系。
3. 在生活工作当中与人多交流、勤沟通。
4. 创造和谐的人际关系。
5. 懂得时间的宝贵，学会珍惜时间。
6. 懂得感恩，学会感恩。
7. 真诚地与他人交流，坦诚地反馈问题。
8. 提高语言表达能力。

任务一　人际交往　熟知沟通

从墨子思想看团队管理沟通

在研究国学的过程中，我们可以发现在诸子百家里，孔子最得意的弟子当属颜回，而墨子最得意的应是耕柱。两者不同的是颜回经常受到孔子的褒扬，而耕柱却时时遭到墨子的责难。这也反映了孔墨两人在教育方式上的不同之处。

有一次，当墨子正对耕柱发火时，耕柱实在无法忍受了，他便对墨子说："老师，您总是对我发火，难道我真的就一无是处吗？"墨子没有直接回答他的问题，而是举了一个例子，他问耕柱："假设我要去大行山，用良马来驾车好还是用羊来驾车好？"耕柱回答："当然是用良马来驾车啊。"墨子问其故，耕柱回答："良马可以担当这样的重任，值得驱遣。"墨子微微一笑："我之所以一直地责骂匡正你，就是因为你是一个值得担当重任的人啊！"

关于墨子的这个故事可以给我们提供如下的思考。

1. 上下属的沟通是相互的

当耕柱主动找到墨子寻求沟通时，如果墨子以"工作很忙，要出差，去找某个副总谈"等理由推托时，那么沟通是无效的；而如果我们假设墨子主动去找耕柱沟通，而耕柱却予以回避或者不痛痛快快说出自己的真实想法，那么双方的误解还会加深。因此，在企业内部，沟通一定是相互和双向的。同时，企业应该建立沟通的渠道，建立企业内部沟通机制，让所有人可以畅所欲言，及早发现问题并防患于未然。

2. 下属应该主动找领导沟通

很多下属往往害怕与领导沟通，这是不好的。首先要丢掉害怕的思想。我们可以试想一下，墨子作为"墨家学派"的代表，一是他可能没时间，二是他也可能根本就没觉察到耕柱有什么情绪，三是墨子是一个命令的下达者，至于在执行中究竟发生了什么，他不一定有耕柱清楚。这样一来，问题就被掩盖了，导致的结果可想而知。因此，作为一个下属，应该主动寻求和自己的领导沟通的机会。

3. 领导者应该积极地和下属沟通

沟通是领导者必须掌握的一门技能。

领导者区别于下属的一个显著标志就是领导者主要是决策者和管理者，而下属主要是执行者和完成者。因此，对于任何管理目标实现过程中发现的问题，具体执行的人最有发言权。所以，这就是我们要提倡“走动式管理”的原因，因为，走动可以发现问题！但走动一定会发现问题吗？非也！走动不能发现全部的问题！或者说，走动只能发现表面的问题，而只有与下属进行积极的沟通，才能发现深层次的问题和关键性的问题。

因此，管理者不应当是下达命令后就“高枕无忧”了，而是应该积极地与下属沟通交流。试想，在上面的故事中，如果耕柱不找墨子沟通，而墨子也不积极地去和耕柱沟通的话，那么，两人的误解最终或许会导致隔阂。如果耕柱离开墨子，则是人才的流失，如果耕柱“自立山头”，那么“墨家”则会增加一个可怕的竞争对手。

综上所述，企业管理过去是沟通，现在是沟通，未来还是沟通。沟通，是管理者的第一技能。

知识链接

一、沟通概述

（一）沟通的内涵

著名导演斯皮尔伯格认为，一个人取得成功，80％靠沟通，20％靠专业。与人沟通是大学生创业、就业最不可或缺的能力。沟通是我们每个人每天都要运用的技能，是个人成功的必要条件，是管理的核心，是人们分享信息、思想和情感的过程。人际沟通在生活、工作中的作用比你想象的还重要，无论和谁相处，有沟通，才有感情，常沟通，才能长久。

若知道你身边人的性格特征，你就可以知道他们的“需要”“喜欢”与“讨厌”（人性解析已提及）。在沟通过程中给他们“需要”，用他们“喜欢”的方式，规避“讨厌”的禁忌，你就可以成为沟通高手。

沟通是人与人之间、人与群体之间思想与感情的传递和反馈的过程，以求思想达成一致。人际间有很多问题都可以通过沟通解决，关键是要用对方喜欢的方式、听得懂的语言且要关注到对方的需求。沟通是心灵的桥梁,可以疏通障碍,消除误解;沟通是治愈的良药,可以化解冲突,抚平伤痕。

(二)沟通的分类

1. 正式沟通与非正式沟通

正式沟通是指通过正式的组织程序和渠道,按组织规定的线路和渠道进行的信息传递和交流,如会议制度、汇报制度、文件的传达与呈送、组织间的公函来往等。

优点是信息具有权威性;约束力较强;信息具有法律效力;沟通效果好。缺点是沟通速度慢,方式刻板;互动性不足,可能会因传递渠道的影响,造成信息失真和扭曲。

非正式沟通是指在正式沟通渠道之外进行的各种沟通活动,一般以办公室人员之间的交往为基础,通过各种各样的社会交往而产生。它弥补了正式沟通的不足。

优点是形式多样,沟通速度快,畅所欲言,沟通压力小等;缺点是不留证据,难以控制,信息极易失真,甚至成为谣言;非正式沟通常用于领导了解员工情况,关系密切的成员之间的交流等。

2. 单向沟通与双向沟通

单向沟通是指信息发出者发出信息,信息接收者只接收信息,不做反馈的沟通形式,如下指示、作报告、公众演讲、看电视等(从表达到倾听)。

优点是信息传递速度快,意见统一,时间进度易于控制,传播面广。缺点是信息没有反馈,观点可能会片面,沟通效果不确切。

双向沟通是指信息发送者和信息接收者的角色不断变换,共同以讨论和协商的方式进行信息的交换(从表达到倾听再到反馈)。这种形式让双方能对信息进行充分的掌握,有助于增进理解和人际关系的和谐。

优点是士气和参与度高,反馈信息及时并能完善沟通结果。缺点是观点难以统一,七嘴八舌,沟通变成拉家常,浪费时间和精力等。

3. 语言沟通和非语言沟通

语言沟通就是通过语言、文字、图形、表格、数字等形式进行的信息沟通。语言沟通是生活中的主要沟通方式。

非语言沟通通过动作、表情、语调、手势等语言以外的形式进行信息沟通,最常见的非语言沟通有利用物体、空间、时间、姿态和手势,利用模仿、触觉等进行的沟通。事实上,非语言沟通越来越被重视,因为在语言沟通的同时,伴随一些非语言沟通,效果会更佳。

4. 垂直沟通和水平沟通

垂直沟通分为上行沟通和下行沟通，均属于上下级之间的沟通方式。一般下行沟通的速度要快于上行沟通的速度，因为下行沟通多属于领导布置任务，而上行沟通多属于下属向领导反映问题、申请和汇报工作。水平沟通是组织、企业、部门、团队成员之间的沟通方式。

垂直沟通的优点是沟通速度快，信息传递准确；缺点是如果层次多，信息传递变慢，可能会出现越级沟通和隐瞒事实的现象。水平沟通的优点是沟通主体之间彼此平等，沟通顺畅；缺点是容易产生矛盾和冲突，难以控制局势。

5. 书面沟通和口头沟通

书面沟通就是以书面形式进行的信息沟通，如通知、报告、信件、授权书、项目章程、实施方案等。口头沟通就是运用口头表达所进行的信息沟通，如谈话、演讲、聊天等。

书面沟通的优点是有证据，可以长期保存，描述周密，逻辑性和条理比较清晰；缺点是耗费的时间较长，而且需要保管。口头沟通的优点是信息传递快，沟通灵活，约束少，反馈及时；缺点是容易忘记沟通内容，沟通过程和结果没有证据，易成为谣言等。

（三）沟通中常见的模式

沟通漏斗呈现的是信息由上至下逐渐减少的趋势，真正行动时获取到的信息已经不多了。

沟通金三角反映的是一种换位思考的思维模式。只有在金三角的上端，谈话双方都站在对方的角度，才能实现成功的沟通（见图 3-1-1）。

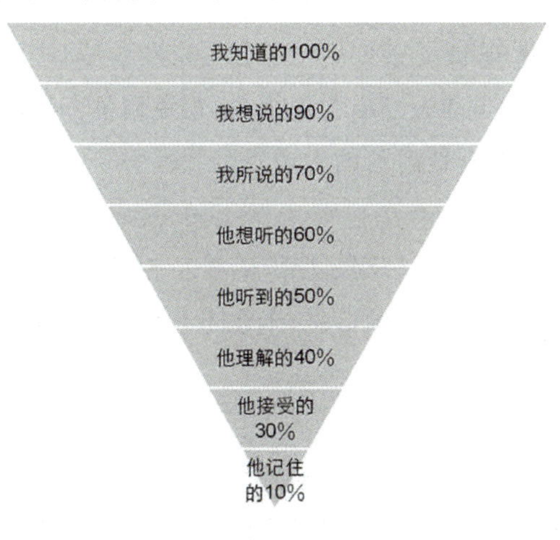

图 3-1-1　沟通金三角

沟通的冰山模式反映了两个人或者两组人在谈话时，谈论的是同一话题，但大家可说出的内容只是冰山露出水面的部分，而对方真正想表达的东西大部分隐藏在水面以下。冰山露出水面的部分占冰山（本来意思）的 5%～20%（见图 3－1－2）。

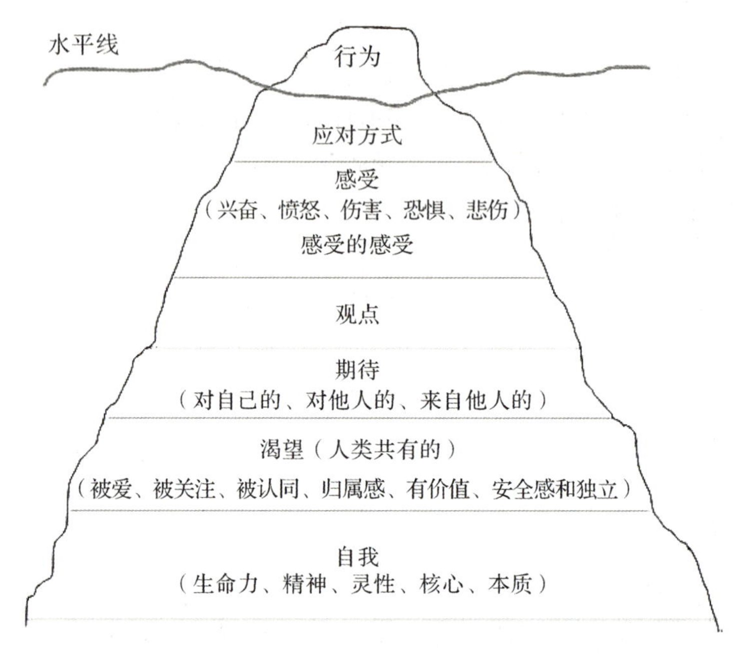

图 3－1－2　沟通的冰山模式

（四）沟通的三个层次

为什么会沟而不通？（沟者，构筑管道也；通者，顺畅也。）

1. 从渠道的角度分析

消极被动——没有主动去开启沟通渠道；渠道错位——没有选择合适的沟通渠道；气氛紧张——没有营造融洽的沟通氛围。

2. 从编码的角度分析

沟通三个步骤：编码、解码、反馈。语言表达能力不佳或欠缺；不懂得说话的技巧或艺术；未能充分传达自己的信息；未注重非语言信息的应用；未能有效控制自己的情绪。

巧用语言的艺术

劝诫：把话讲到别人心坎里，使人易于接受，关键要把动机与时机结合。

批评：否定之前先肯定，不要伤了对方的面子，更不能伤了对方的自尊。

说服：说服别人最重要的就是有理有据，通过故事、案例、数字或名言，让受众自愿地形成或改变过去的认识和做法，改变旧认识，形成新知识。

汇报：屡战屡败与屡败屡战，仅仅是词语的顺序改变了，产生了质的变化。

3. 从解码的角度分析

倾听误区——没有准确地理解对方；同理心缺失——未能换位思考。

沟而能通：误会也好，分歧也好，只要沟而能通就不是问题。

不沟而通：高超的艺术，高度的默契。有时候不需要说话，光靠眼神、动作就能传达意思。

训练活动

(1)班级开展一次非语言的自我介绍，时间为2分钟。

(2)分组悄悄传递同样三句话，看最后一人获得的信息内容是什么。

(3)角色扮演：运用教学用具七巧板，合理利用沟通原理，传递信息。

(五)沟通的三原则

(1)有效果沟通着重强调沟通的目标明确性。通过交流，沟通双方就某个问题可以达到共同认识的目的。

(2)有效率沟通着重强调沟通的时间观念。沟通的时间要简短,频率要增加,在尽量短的时间内完成沟通的目标。

(3)有笑声的沟通着重强调沟通的人性化作用。沟通要使参与沟通的人员认识到自身的价值。只有心情愉快的沟通才能实现双赢的结果。

(六)沟通“三有四是否”

(1)“三个有”:向上沟通要有“胆”(主动、讲真话,克服恐惧心);向下沟通要有“心”(真心、耐心、细心);平行沟通要有“肺”(服务之心,团队精神)。

(2)“四个是否”:是否明确,说清楚、问明白、写下来;执行不力往往是沟通惹的祸;明确就是力量,明确的人领导着不明确的人。是否到位,编码、解码、反馈;沟通到位,工作到位。是否情绪化,先处理心情,再处理事情;设身处地,换位思考;知彼知己,用同理心;立场坚定,态度热情。是否有效,说对方想听的;弄清楚听者究竟想听什么;以对方感兴趣的方式表达;注意在适当的机会和场所表达。听对方想说的;积极探询说者想说什么;用对方乐意的方式倾听;控制情绪,并适时回应。

二、有效沟通

(一)有效沟通的含义

有效沟通越来越多地被应用在企业管理上,常见主流商业管理课程,如EMBA、MBA及其他各类企业培训等均将“有效沟通”作为管理者必备的一项素质要求。管理沟通,从其概念上来讲,是为了一个设定的目标,把信息、思想和情感在特定个人或群体间传递,并且达成共同协议的过程。

有效沟通是通过听、说、读、写等方式,通过演讲、会见、对话、讨论、信件等将思维准确、恰当地表达出来,以促使对方更好地接受。

有效沟通时,应根据实际情况采取不同的方法。在制度方面可以建立有效措施,如定期召开公司例会。在会上各部门负责人进行工作情况汇报以使各部门之间相互了解,解决信息不畅通的困扰;也可在会后安排形式不同的小聚(如晚餐、夜宵等)以使大家相互之间更加了解,增进感情。

(二)达成有效沟通须具备的条件

有效沟通能否实现关键在于信息的有效性,信息的有效程度决定了沟通的有效程度。信息的有效程度又主要取决于以下几个方面。

1.信息的透明程度

当一则信息应该作为公共信息时就不应该出现信息的不对称性,信息必须是公开的。公开的信息并不意味着简单的信息传递,而是要确保信息接收者能理解信息的内涵。如果以一种模棱两可的、含糊不清的文字语言传递一种不清晰的、难以使人理解的信息,那么对于信息接收者而言没有任何意义。另一方面,信息接收者也有权获得与自身利益相关的信息,否则有可能导致信息接收者对信息发送者的行为动机产生怀疑。

2.信息的反馈程度

有效沟通是一种动态的双向行为,而双向的沟通对信息发送者来说应得到充分的反馈。只有沟通的主客体双方都充分表达了对某一问题的看法,才真正具备有效沟通的意义。

是否有效沟通,全凭信息传递。首先,信息发送者清晰地表达信息的内涵,以便信息接收者能确切理解;其次,信息发送者重视信息接收者的反应并根据其反应及时修正信息的传递,免除不必要的误解。两者缺一不可。

(三)有效沟通的重要性

沟通是自然科学和社会科学的混合物,是企业管理的有效工具。沟通还是一种技能,是一个人对本身知识能力、表达能力、行为能力的发挥。无论是企业管理者还是普通的职工,都是企业竞争力的核心要素,做好沟通工作,是企业各项工作顺利进行的前提。有效沟通主要指组织内人员的沟通,尤其是管理者与被管理者之间的沟通。

有效沟通在企业管理中的重要性主要表现在以下几个方面。

1.准确理解公司决策,提高工作效率,化解管理矛盾

公司决策需要一个有效的沟通过程才能施行,沟通的过程就是对决策的理解传达的过程。决策表达得准确、清晰、简洁是进行有效沟通的前提,而对决策的正确理解是实施有效沟通的目的。在决策下达时,决策者要和执行者进行必要的沟通,以对决策达成共识,使执行者准确无误地按照决策执行,避免因为对决策的曲解而造成执行失误。

一个企业的群体成员之间的交流,包括相互在物质上的帮助、支持和感情上的交流、沟通,信息的沟通是联系企业共同目标和企业中有协作的个人之间的桥

梁。同样的信息由于接收者的不同会产生不同的效果，信息的过滤、保留、忽略或扭曲是由接收者主观因素决定的，是他所处的环境、位置、年龄、教育程度等相互作用的结果。由于对信息感知存在差异性，就需要进行有效的沟通来弥合这种差异性，以减小由于人的主观因素而造成的时间、金钱上的损失。准确的信息沟通无疑会提高我们的工作效率，使我们舍弃一些不必要的工作，以最简洁、最直接的方式取得理想的工作效果。

2. 从表象问题过渡到实质问题的手段

企业管理讲求实效，只有从问题的实际出发，实事求是才能解决问题。而在沟通中获得的信息是最及时、最前沿、最实际、最能够反映当前工作情况的。在企业的经营管理中出现的各种各样的问题，如果单纯地从事物的表面现象来解决问题，不深入了解情况，接触问题本质，会给企业带来灾难性的损失。

个人与个人之间、个人与群体之间、群体与群体之间开展积极、公开的沟通，从多角度看待一个问题，那么在管理中就能统筹兼顾、未雨绸缪。在许多问题还未发生时，管理者经过研究分析，把一些不利于企业稳定的因素扼杀掉。企业是在不断解决经营中的问题后前进的，企业经营中问题的解决是通过企业中有效的沟通实现的。

3. 激励职工，形成健康、积极的企业文化

人具有自然属性和社会属性，在实际的社会生活中，在满足其生理需求的同时还要满足其精神需求。每个人都希望得到别人的尊重、社会的认可和自我价值的实现。一个优秀的管理者，要通过有效的沟通影响甚至改变职员对工作的态度、对生活的态度，把那些视工作为负担，对工作三心二意的员工转变为工作积极分子，从而在工作中表现出超群的自发性、创造性。

在有效沟通中，企业管理者按不同的情况将职工划分为不同的群体，从而采取不同的沟通方式。例如，按年龄阶段划分为年轻职工和资深职工，对年轻的、资历比较浅的职工采取鼓励认可的沟通方式，在一定情况下让他们独立承担重要工作，并与他们经常在工作生活方面进行沟通，对其工作成绩认可鼓励，激发他们的创造性和工作热情，为企业贡献更大的力量。对于资历深的老同志，企业管理者应重视、尊重他们，发挥他们的经验优势，与他们经常接触，相互交流，给予适当的培训，以调动其工作积极性。

训练活动

看拜访客户的视频截图，分析视频中人物各自的个性特质和行为方式。

案例分享

在美国一个农村，住着一个老头，他有三个儿子。大儿子、二儿子都在城里工作，小儿子和他住在一起，相依为命。

突然有一天，一个人找到老头，对他说："尊敬的老人家，我想把你的小儿子带到城里去工作，可以吗?"老头气愤地说："不行，绝对不行，你滚出去吧!"这个人说："如果我在城里给你的儿子找个对象，可以吗?"老头摇摇头："不行，你走吧!"这个人又说："如果我给你儿子找的对象，也就是你未来的儿媳妇是洛克菲勒的女儿呢?"这时，老头动心了。

过了几天，这个人找到了石油大王洛克菲勒，对他说："尊敬的洛克菲勒先生，我想给你的女儿找个对象，可以吗?"

洛克菲勒说："快滚出去吧!"这个人又说："如果我给你女儿找的对象，也就是你未来的女婿是世界银行的副总裁，可以吗?"洛克菲勒同意了。

又过了几天，这个人找到了世界银行总裁，对他说："尊敬的总裁先生，你应该马上任命一个副总裁!"

总裁先生说："不可能，这里这么多副总裁，我为什么还要任命一个副总裁呢，而且必须马上?"

这个人说："如果你任命的这个副总裁是洛克菲勒的女婿，可以吗?"总裁先生当然同意了。

虽然这个故事不尽真实，存在许多令人质疑之处，但它在一定程度上体现了沟通的力量。这个故事告诉我们，沟通时，信心非常重要，只有心里认定了这件事对双方都有好处，才能获得对方的配合，取得沟通的成功。而且认定了这一点后，还要不屈不挠，不怕拒绝，直到取得最后的胜利。沟通是个很大的课题，非三言两语可说清楚。通过沟通，可以说明事物，传递信息；获取信息，了解别人，确保决策的正确性；交流情感，改善关系，让彼此关系更加亲密；统一思想，营造团队氛围，提升员工工作的士气。

任务二 高效沟通 技巧各异

案例导入

财务部陈经理总会每月按照惯例请手下员工吃一顿，一天，他走到休息室叫员工小马，通知其他人晚上吃饭。快到休息室时，陈经理听到休息室里面有人在交谈，他从门缝看过去，原来是小马和销售部员工小李在里面。

小李对小马说："你们陈经理对你们很关心，我见他经常请你们吃饭。"

"得了吧。"小马不屑地说，"他就这么点本事笼络人心，遇到我们真正需要他关心、帮助的事情，他没一件办成的。你拿上次公司办培训班的事来说，谁都知道如果能上这个培训班，工作能力会得到很大提高，升职机会也大大增加。我们部门几个人都很想去，但陈经理却一点都没察觉到，也没积极为我们争取，结果让别的部门抢了先。我真的怀疑他有没有真正关心过我们。"

"别不高兴。"小李说，"走，吃饭去。"

陈经理只好满腹委屈地躲进自己的办公室。

据上述案例，请指出：

（1）案例中上司和下属的错误主要有哪些？

（2）上司和下属接下来可以怎么做？

____

____

____

____

知识链接

一、沟通技巧

沟通的目的是为了把自己信息的100%传递给对方，但实际上并非如此，很多情况下，对方仅能获取到的信息不到60%，主要就在于没有掌握沟通的技巧。因此，在日常生活中，我们要真正把握沟通技巧，才能达到事半功倍的效果。

（一）破除沟通的人为障碍

1. 高高在上

在与下属沟通的时候，作为上司最容易犯的毛病就是高高在上。本来上司和下级之间就存在地位、身份上的不平等，有些做上司的还有意无意地扩大这种不平等的效应，导致下属在上司面前唯唯诺诺，有话不敢讲，影响了上下级的顺畅沟

通。有一个老板，办公室将近二百平方米，老板桌是最大的，老板椅也是最高的，可是在他的办公桌前放着一个小小的椅子，下属每次来汇报工作或请示问题，都要毕恭毕敬端坐那里，这种俨然“审问”的环境很明显非常影响沟通的效果。也有的上司，在与下属沟通的过程中，心不在焉，摆架子等，这些都是高高在上的表现。

2. 自以为是

对待一个问题自己已经有了一定的想法和见解，这时候就很容易关上自己的心门，不愿意甚至拒绝接受别人的意见。要知道正确与错误都是相对的，当我们以宽阔的胸怀、谦虚的心态对待他人的建议时，肯定会有意想不到的收获。

3. 先入为主

先入为主是偏见思维模式造成的。沟通的一方如果对另一方有成见，顺利沟通就无法实现。比如老板对一个下属的能力产生怀疑，即使这位下属有一个很不错的想法，老板可能也不会接受。

4. 不善于倾听

倾听是沟通过程中最重要的环节之一，良好的倾听是高效沟通的开始。倾听不仅需要具有真诚的同理心态，还应该具备一定的倾听技巧。居高临下，好为人师；自以为是，推己及人；抓耳挠腮，急不可耐；左顾右盼，虚应故事；环境干扰，无心倾听；打断对方，变听为说；刨根问底，打探隐私；虚情假意，施舍恩赐等都是影响倾听的不良习惯，应该注意避免。

5. 缺乏反馈

反馈是沟通过程中或沟通结束时的一个关键环节，不少人在沟通过程中不注意、不重视或者忽略了反馈，结果沟通效果打了折扣。不少人在沟通中都以为对方听懂了自己的意思，可是实际操作过程中却发现与自己原来的意思大相径庭。其实，在双方沟通时，多问一句“您说的是不是这个意思……”“请您再说一下，好吗?”，问题自然就解决了。

6. 沟通的位差损耗效应

美国加利福尼亚州立大学研究发现：来自领导层的信息只有20%到30%被下级知道并正确理解；从下到上反馈的信息不超过10%被知道和正确理解；而平行交流的效率则可达到90%以上。

（二）清晰、简洁地发送信息

信息发送过程包括三个方面内容：信息、思想和情感。在沟通中，发送的不仅仅是信息，还有思想和情感。因此，在发送信息的时候，要注意以下几个问题。

1. 选择有效的信息发送方式

有效的信息发送方式在沟通中十分重要，这就要求我们要针对沟通对象和目的的不同选择不同的发送方式。信息发送方式有很多，比如会议、电话、亲笔信件、手机短信、电子邮件、面谈等。如果是一般的说明情况的信息沟通，通过信件、电话、邮件就可以解决；如果是为了交流感情和增加信任，则应该选择合适的时间、地点面谈为好。

2. 何时发送信息

信息发送的时间点在沟通中十分重要。例如何时发出工作联系单、致谢函，何时向上级汇报，何时与下属谈心，要讲究“天时、地利、人和”，这一点非常重要。

3. 确定信息内容

信息的内容是沟通的实质，不存在没有任何内容的沟通。因此，在沟通开始前，应该对信息的内容做些适当准备，哪些该说，说到什么程度，哪些不该说。信息的内容应该清晰简洁，用词准确，避免模糊不清或容易引起误解的表述。专业术语只有在对方能够理解的情况下方可使用。同时还应该注意的是信息的载体，比如语音、语调、肢体语言的不同运用，都会给对方带来不同的感受，进而影响沟通质量。

4. 谁在接收信息

明白谁是你信息的接收对象，让对方注意你、接受你；了解接收者的观念；了解接收者的需要；了解接收者的情绪……

5. 在哪里发送信息

发送信息时是在正式场合还是非正式场合，比如生产部经理要求财务部改善服务流程和服务态度的建议，就不宜在会议场合提出，而应在平时与财务部经理进行“私下”沟通，否则会被人误解为“发难”或“告状”。商务前期预热洽谈，不一定要在办公室这样的正式场合，在休闲的茶社、咖啡厅等地方则比较合适。

（三）积极、认真、仔细倾听

沟通高手在尝试让人倾听和了解之前，会把倾听别人和了解别人列为第一目标。如果你能做到认真倾听，对方便会向你袒露心迹。在陈述自己的主张说服对方之前，先让对方畅所欲言并认真倾听是解决问题的捷径。

掌握别人内心世界的第一步就是认真倾听，因为倾听是最重要的沟通方式。倾听是指通过感官媒介（听觉、视觉、触觉等），接收并理解对方思想、信息和情感的过程，包括耳听、眼观、提问、思考、感受。

倾听不仅是听他人讲话，而且要根据说话者的语言信息与非语言信息来理解他所表达的意思。

倾听包括三个部分：解读、分析、反馈。解读是听对方说话，同时接收非语言信号（体态、表情）；分析是理解表层和深层的意思，评价非语言信号，并记住这些信息；反馈是倾听者通过语言和非语言信息，告诉对方自己在听以及是否听懂。

倾听时要积极主动了解谈话的内容，懂得欣赏对方；要客观听取内容而不以自我为中心，迅速加以价值评判；既要理解发送者的言中之义，又要发掘出言外之意；既注意其语言信息，也关注非语言信息。

（四）积极诚恳反馈信息

对于一个完整的、有效的沟通来说，仅有“表达”和“倾听”这两个环节是不够的，还必须有反馈，即信息的接收者在接收信息的过程中或过程后，及时地回应对方，以便澄清“表达”和“倾听”过程中可能造成的误解和失真。

1.反馈的类别

正面的反馈：对对方做得好的事情予以表扬，希望好的行为再次出现。

建设性的反馈：在对方做得不足的地方，给他提出改进的意见，而不是批评。

2.如何给予反馈

(1)反馈要站在对方的立场、角度和需求之上，针对对方最为需要的方面，给予反馈。

例如，在半年绩效考核中，下属渴望知道上司对他工作和能力的评价，并期待上司能为自己指明下一步努力的方向。作为上司，在绩效考核之后不反馈，或者轻描淡写地说一下，则会挫伤下属的积极性。

(2)反馈要具体、明确。

错误的反馈：“小李，你的工作真是很重要啊！”这种表述方式很空洞，小李也不知道为什么自己的工作就重要了，从而不能真正给对方留下深刻的印象。

正确的反馈：“公司公文和往来信函，是一个公司素质高低的表现，代表着一个公司的水平、精神和文化。小李，你的工作很重要。”这种对下属的反馈就不是空洞的、干巴巴的说教，而能起到事半功倍的效果。

(3)反馈要有建设性。

上级容易武断地给下属的意见或想法下结论，比如有的上级往往带着批评或藐视的语气说：“你的想法根本就行不通！”“小伙子，你还是太年轻了！”等，弄得下级很没趣，结果挫伤了下属主动沟通的积极性。如果我们换一种态度，以建设性的、鼓励的口吻给下属反馈，效果就会不同，比如：“小王，你的意见很好，尽管有些想法目前还不能实现，但是，你很有想法，很关心咱们部门业务的开展，像这样的建议以后还要多说啊！”

(4)对事不对人。

积极的反馈就事论事，忌讳涉及别人的面子和人格尊严，带有侮辱别人的话语千万不要说，比如“你是猪脑子啊，没吃过猪肉还没有看过猪走”之类的言语，只能加深双方的敌对和对抗情绪，与最初的沟通愿望适得其反。

3.如何接收反馈

接收反馈是反馈过程中一个十分重要的环节，在接收反馈时应该做到以下几点。

(1)耐心倾听,不打断。

接收反馈时,一定要抱着谦虚的态度,以真诚的姿态倾听他人反馈意见。无论这些意见在你看来是否正确和是否中听,在对方反馈时都要暂时友好地接纳,不能打断别人的反馈或拒绝接收反馈。比如表现出不耐烦的表情、姿势等。如果你粗鲁地打断别人对你的反馈,其实就表示着沟通的中断和失败,你了解不到对方更多甚至更重要的信息。

(2)避免自卫。

自卫心理是每一个人本能的反应。对方在向你反馈时,如果你仅仅站在自己的立场,挑肥拣瘦地选择是否接受,一旦听到对自己不利、不好或不想听的信息,就急忙脸红脖子粗地去辩解和辩论,明智的另一方会马上终止反馈。

(3)表明态度。

别人对你反馈之后,自己要有一个明确的态度,比如理解、同意、赞成、支持、不同意、保留意见、怎么行动等。不明确表示自己对反馈的态度与意见,对方会误解你没有听懂或内心抗拒,这样就会增加沟通成本,影响沟通质量。

只有掌握了高效的沟通技巧,才能在工作、生活中游刃有余,达到事半功倍的效果。同时激发工作潜能,使战略目标早日得到实现。

二、五种动物特质的沟通要点

(一)老虎特质的沟通要点

1.听说问模式

老虎特质的人在倾听时会表现出以下特征:自己预测之外的答案不想听到,希望听到与目标达成直接相关的内容;烦琐的事不想听完,想听直接的表达;倾听时不耐心,不听细节和赘言;希望听到自己关注的内容,只听概要与重点。

老虎特质的人在说话时会表现出以下特征:说话时总试图说服对方,让别人听自己说;说话简单、自信、豪迈、权威;说话常用结论式语言。

老虎特质的人在提问时会表现出以下特征:提问题时,心中常有预判的简单答案;会质问别人;被问两次以上易不耐烦。

2.沟通细则

老虎特质的人特别需要尊严,喜欢直接关注重点和结果,讨厌被命令。

3.与拥有老虎特质的人进行沟通时应注意的问题

老虎特质的人在沟通时会表现出以下特征:需要绝对的尊严;喜欢讲求速度,积极果断;犯错了,希望别人能够私底下委婉地、含蓄地告诉他们如何做会更好;在有人侵犯到他们的领域和权限时,可能会发动攻击;作为部属,会希望被充分地授权，没有太多限制或干扰；讨厌畏畏缩缩、说话没重点的人；无法忍受蜜蜂特质的人的啰嗦，但又佩服其缜密的思维、谨慎的行为。

（二）海豚特质的沟通要点

1. 听说问模式

海豚特质的人在倾听时会表现出以下特征：听的时候不够专注、专心；听的时候重视感觉的、感性的表达；边听边想，看有没有自己可以表达的机会，以至于听得不专心；听严肃的内容很吃力；喜欢听有趣的、感觉的、图像的表达。

海豚特质的人在说话时会表现出以下特征：表达时喜欢用形容词；图像式陈述；交互式沟通；乐于表达自己的看法，喜欢分享。

海豚特质的人在提问时会表现出以下特征：喜欢提一些引发共识的问题；有疑问时会直接发问。

2. 沟通细则

海豚特质的人需要认同，喜欢欢乐、有趣的氛围，讨厌悲观者，讨厌被孤立、钻牛角尖。

3. 与海豚特质的人进行沟通时应注意的问题

海豚特质的人在沟通时会表现出以下特征：需要别人认同；做事情喜欢欢乐有趣的氛围。做好一件事后，希望别人在公开场合称赞他们或表扬他们的能力，并且认同他们的努力及表现；他们在团队中最怕孤独，强烈需要伙伴的关心；讨厌有人搞小动作，害怕自己被孤立；他们遇到新环境时，总是能够立即融入环境与陌生人打成一片；他们害怕（最讨厌）接到一个必须独立完成且需要高技术任务。

（三）蜜蜂特质的沟通要点

1. 听说问模式

蜜蜂特质的人在倾听时会表现出以下特征：喜欢听引经据典和经科学数据验证的结果；边听边思考是否有明确的根据；想了解事情的来龙去脉；敏感、细腻、不盲目。

蜜蜂特质的人在说话时会表现出以下特征：慎言；有凭有据；讲道理、有条理；谨守分寸。

蜜蜂特质的人在提问时会表现出以下特征：追根究底地问；尊重他人；非常客气。

2. 沟通细则

蜜蜂特质的人需要肯定，喜欢公平和程序，讨厌没凭据、说大话、改变规则。

3. 与蜜蜂特质的人进行沟通时应注意的问题

蜜蜂特质的人在沟通时会表现出以下特征：总是需要组织的肯定才会觉得自己有价值；他们非常重视程序细节，追求完美；讨厌做事没有章法，不守规矩，喜欢条理分明，重视质量，讲求工序；对于突然改变既定的规则章程及运作流程，会觉得很难接受；不会为小事生气，若真有人做出伤害他的事，他会收集所有证据和处理方法，给对方致命的一击；讨厌出错或面临尴尬，不喜欢在没有完全做好准备的情况下表现自己；评价一个人的时候，总是看重此人的深度和专业性；非常尊重别人，因此也希望别人尊重他，在被人尊重的环境下，会愿意全心付出。

（四）企鹅特质的沟通要点

1. 听说问模式

企鹅特质的人在倾听时会表现出以下特征：容易耐心地倾听他人把话说完；认同别人的观点时，表情放松，轻轻（淡淡）回应；不认同别人观点时，保持沉默，没有回应。

企鹅特质的人在说话时会表现出以下特征：简短；含蓄地表达；语气平稳。

企鹅特质的人在提问时会表现出以下特征：很少发问；淡淡地问；去头去尾地问。

2. 沟通细则

企鹅特质的人需要别人的关心，喜欢稳定、持续的计划，讨厌变来变去，批判差劲的计划。

3. 与企鹅特质的人进行沟通时应注意的问题

企鹅特质的人在沟通时会表现出以下特征：需要伙伴的关心；很有耐心，重视合作，喜欢和谐的状态；在做事情的时候喜欢温馨和谐的环境，不分你我合力完成；讨厌朝令夕改，差劲的计划；进入一个新环境的时候需要较长的时间才能融入环境；害怕充满批判攻击，到处有人说八卦及坏话的环境；不会被轻易惹毛，但容易因为累积过久的不满而一次爆发，最后难以收拾；不喜欢面对冲突的场面和突如其来的重大改变；评价一个人的时候，会比较在意对方是不是务实踏实的人。

（五）八爪鱼特质的沟通要点

1. 听说问模式

八爪鱼特质的人在倾听时会表现出以下特征：细致观察，倾听时会尽量找出可让对方继续话题的方法；听的时候，不断横向思考各种可能性、关联性；会习惯于找出双方有交集之处。

八爪鱼特质的人在说话时会表现出以下特征：说话时语气经常是询问式，不易下结论；表达观点时会寻求认同，喜欢准备好再发言；主题模糊。

八爪鱼特质的人在提问时会表现出以下特征：提问时会不断探寻对方的看法；不断修正提问的方式；同一个问题会问很多人的意见。

2. 沟通细则

八爪鱼特质的人需要安全感，喜欢在环境明朗、信息充足的情形下做决定，讨厌环境不明朗前被迫自我解析，讨厌无前例可参考的情况。

3. 与八爪鱼特质的人进行沟通应注意的问题

八爪鱼特质的人在沟通时会表现出以下特征：在做一件事情时，喜欢有前例可考，有充足的数据和讯息来源；进入一个新环境时，他们会先观察环境的安全性再决定要不要融入环境；交代他们做事情，要让他们清楚你的想法和底线，并给足够的时间和空间收集数据、整合资源；面对压力时，他们会采取模糊策略，以尽量不正面冲突为原则；在评判一个人的时候，他们总会看对方待人处事是否考虑周延；他们在充分了解环境之后，与团队一起合作最有产能。

训练活动

探索五种动物较为典型的“听说问模式”案例，提升自己的沟通技巧。

____

____

____

____

案例分享

1. 倾听的作用

世界销售冠军乔·吉拉德多年前向一位客户推销汽车，交易过程十分顺利。当客户正要掏钱付款时，另一位销售人员跟吉拉德谈起昨天的篮球赛，乔·吉拉德一边跟同伴津津有味地说笑，一边伸手去接车款，不料客户却突然掉头而走，连车也不买了。乔·吉拉德苦思冥想了一天，不明白客户为什么对已经挑选好的汽车突然放弃了。夜里11点，他终于忍不住给客户打了一个电话，询问客户突然改变主意的理由，客户不高兴地在电话中告诉他：“今天下午付款时，我同您谈到了我的小儿子他刚考上密歇根大学，是我们家的骄傲，可是您一点也没有听见，只顾和您的同伴谈篮球赛。”吉拉德明白了，这次生意失败的根本原因是因为自己没有认真去倾听客户。

懂得如何倾听的人最有可能做成事情，并且把握别人错过的机会。认真倾听并回应对方感兴趣的事物，就是对对方最大的尊重，是沟通的核心点。钢铁大王约翰·洛克菲勒说：“我们的政策一直都是耐心地倾听和开诚布公地讨论，直到最后一点证据都摊在桌上才尝试达成结论。”洛克菲勒以谨慎著称，而且思考很久之后才做决定，他拒绝仓促地做决定，他的座右铭是：“让别人说吧。”

倾听不仅是耳朵听到相应的声音的过程，而且是一种情感活动，需要通过面部表情、肢体语言和话语的回应，向对方传递一种信息——我很想听你说话，我尊重和关心你。

2. 巴顿尝汤

巴顿将军为了显示他对部下生活的关心，搞了一次参观士兵食堂的突然袭击。在食堂里，他看见两个士兵站在一个大汤锅前。

“让我尝尝这汤！”巴顿将军向士兵命令道。

“可是，将军……”士兵正准备解释。

“没什么‘可是’，给我勺子！”巴顿将军拿过勺子喝了一大口，怒斥道，“太不像话了，怎么能给战士喝这个？这简直就是刷锅水！”

“我正想告诉您这是刷锅水，没想到您已经尝出来了。”士兵答道。

只有善于倾听，才不会做出像巴顿将军这样的事。

3. 有效沟通的哲理故事

人与人之间要达成共识、达成合作都需要靠我们彼此的交流和沟通，其实沟通并不是一件难事，难的是如何有效地进行沟通。很多人和对方讲再多的话也是鸡同鸭讲让人摸不着头脑，这就是因为你没有有效地和别人沟通。

（1）美国知名主持人林克莱特某一天访问一名小朋友，问他说：“你长大后想要当什么呀？”小朋友天真地回答：“嗯……我要当飞机的驾驶员！”林克莱特接着问：“如果有一天，你的飞机飞到太平洋上空所有引擎都熄火了，你会怎么办？”小朋友想了想：“我会先告诉坐在飞机上的人绑好安全带，然后我挂上我的降落伞跳出去。”当在现场的观众笑得东倒西歪时，林克莱特继续注视着这孩子，想看看他是不是自作聪明的家伙。没想到，接着孩子的两行热泪夺眶而出，这才使得林克莱特发觉这孩子的悲悯之情远非笔墨所能形容。于是林克莱特问他说：“为什么要这么做？”小孩的答案透露出一个孩子真挚的想法：“我要去拿燃料，我还要回来！”

【哲理感悟】你听到别人说话时，你真的能听懂他说的意思吗？如果不懂，就请听别人说完吧，这就是“听的艺术”。一是听话不要听一半。二是不要把自己的意思投射到别人所说的话上面。要学会聆听，用心听、虚心听。

（2）有一个秀才去买柴，他对卖柴的人说：“荷薪者过来！”卖柴的人听不懂“荷薪者”（担柴的人）三个字，但是听得懂“过来”两个字，于是把柴担到秀才面前。秀才问他：“其价如何？”卖柴的人听不太懂这句话，但是听得懂“价”这个字，于是就告诉秀才价钱。秀才接着说：“外实而内虚，烟多而焰少，请损之（你的木材外表是干的，里头却是湿的，燃烧起来，会浓烟多而火焰小，请减些价钱吧）。”卖柴的人因为听不懂秀才的话，于是担着柴就走了。

【哲理感悟】管理者平时最好用简单的语言来传达信息，对于说话的对象、时机要有所掌握，有时过分的修饰反而达不到想要的结果。

(3)两个旅行中的天使到一个富有的家庭借宿，这家人对他们并不友好，并且拒绝让他们在舒适的客房过夜，而是在冰冷的地下室给他们找了一个角落。当他们铺床时，较老的天使发现墙上有一个洞，就顺手把它修补好了。年轻的天使问为什么，老天使答到："有些事并不像它看上去那样。"

第二晚，两人到了一个非常贫穷的农家借宿。主人夫妇俩对他们非常热情，把仅有的一点点食物拿出来款待客人，然后又让出自己的床铺给两个天使。第二天一早，两个天使发现农夫和他的妻子在哭泣，他们唯一的生活来源——一头奶牛死了。年轻的天使非常愤怒，他质问老天使为什么会这样：第一个家庭什么都有，老天使还帮助他们修补墙洞，第二个家庭尽管如此贫穷还是热情款待客人，而老天使却没有阻止奶牛的死亡。

"有些事并不像它看上去那样。"老天使答道，"当我们在地下室过夜时，我从墙洞看到墙里面堆满了金块。因为主人被贪欲所迷惑，我不愿意让他来分享这笔财富，所以我把墙洞填上了。昨天晚上，死亡之神来召唤农夫的妻子，我让奶牛代替了她。所以有些事并不像它看上去那样。"

【哲理感悟】有些时候事情的表面并不是它实际应该的样子。而有效的沟通则可以弄清楚事情的真相，也可以校正自己在某些方面的偏差。

(4)一把坚实的大锁挂在大门上，一根铁杆费了九牛二虎之力，还是无法将它撬开。钥匙来了，它瘦小的身子钻进锁孔，只轻轻一转，大锁就"啪"的一声打开了。

铁杆奇怪地问："为什么我费了那么大力气也打不开，而你却轻而易举地就把它打开了呢？"

钥匙说："因为我最了解大锁的心。"

【哲理感悟】每个人的心，都像上了锁的大门，任你再粗的铁棒也撬不开。唯有关怀，才能把自己变成一把细腻的钥匙，走进别人的心中，了解别人。所以沟通时，一定要多为对方着想，以心换心，以情动人。

(5)沟通带来的不只是快乐，也会带来烦恼、厌恶甚至仇恨。一个公司，曾经饱尝了这种不当沟通的苦果。那里，活跃着一些热衷于小道消息的人，张三说了李四什么，李四又说了张三什么，再说了王五什么。随后，"说三"变成了"道四"，甚至被成倍地放大。更糟糕的是，该部门的管理人员，也有意无意地加盟这股歪风，并且成为风源。公司的秩序，也就被这种相互传话和彼此伤害搅乱了。这些员工在说悄悄话时，或许也能尝到沟通的快感，可惜那只是一时的，当他们议论第三者的话被第三者知道后，快乐就成了痛苦，本来很好的友谊，也可能会变为仇恨。任何不负责任的悄悄话，都是在埋葬自己的前程。

高效倾听12法，帮助您实现高效沟通

1. 倾听是一种主动的过程

在倾听时要保持心理高度的警觉性，随时注意对方所谈的重点，每个人都有他的立场和价值观，你必须站在对方的立场，仔细地倾听他所说的每一句话，不要用自己的价值观去指责或评判对方的想法，要与对方保持共同理解的态度。

2. 鼓励对方先开口

首先，倾听别人说话是一种礼貌，愿意听表示我们愿意客观地考虑别人的看法，这会让说话的人觉得我们很尊重他的意见，有助于我们建立融洽的关系，彼此接纳。其次，鼓励对方先开口可以降低谈话中的强势和竞争意味，倾听可以培养开放的气氛，有助于彼此交换意见，说话的人由于没有压力，也可以专心掌握重点，不必忙着为自己的矛盾之处寻找遁词。最后，对方先提出他的看法，你就有机会在表达自己的意见之前，掌握双方意见一致之处，使对方更加愿意接纳你的意见，更容易说服对方。

3. 切勿多话

表达和倾听同时进行不容易。亿万富翁富卡以说得少听得多而著名。他经常在重要的业务会议中从开始坐到结束不发一语。有一次他告诉身边的人："上帝给了我们两只耳朵却只给我们一张嘴是有原因的，我们应该听得比说得多。"为了避免说得太多而丧失新观点、新创意，以及开发业务的机会，可利用"火柴燃烧法"(假想你的手上拿着一支燃烧的火柴，当你认为火焰即将烧到手指时停止说话，寻求其他人的回应)。

4. 切勿耀武扬威或咬文嚼字

假如你是某一个领域的专家，仍应保持学习的状态，因为有可能你倾听的对象可能会因为你的态度而胆怯或害羞，变得口齿不流利而变得自我保护。

5. 表示兴趣，保持视线接触

聆听时，必须看着对方的眼睛。人们判断你是否在聆听、吸收说话的内容，是根据你是否看着对方的眼睛来作出的。

6. 专心，全神贯注，表示赞同

告别心不在焉的举动与表现，你可以练习如何排除使你分心的事物以培养专心的能力。点头或者微笑就可以表示赞同正在说的内容，表明你与说话人意见相合。人们需要有这种感觉，即你在专心地听着。把可以用来信手涂鸦或随手把玩等使人分心的东西(如铅笔、钥匙串等)放在一边，你就可以免于分心。人们总是把乱写乱画、胡乱摆弄纸张、东张西望或看手表等解释为心不在焉，这些应该引起我们的重视和注意。

7. **让人把话说完，切勿武断**

听听别人怎么说。你应该在确定知道别人完整的意见后再做出反应，别人停下来并不表示他们已经说完想说的话。让人把话说完整并且不插话，这表明你很看重沟通的内容。

虽然说打断别人的话是一种不礼貌的行为，但是如果是“乒乓效应”则是例外。所谓的“乒乓效应”是指听人说话的一方要适时地提出许多切中要点的问题或发表一些意见感想，来响应对方的说法。还有一旦听漏了一些地方，或者是不懂的时候，要在对方的话暂时告一段落时，迅速地提出疑问之处。

8. **鼓励别人多说**

对出现精辟的见解、有意义的陈述，或有价值的信息，要赞美、夸奖说话的人。例如，“这个故事真棒！”或“这个想法真好！”“您的意见很有见地”等，因此，如果有人做了你欣赏的事，你应该夸奖他。仅仅是良好的回应就可以激发很多有用而且有意义的谈话。

9. **让别人知道你在听**

偶尔说“是”“我了解”或“是这样吗？”告诉说话的人你在听，你很有兴趣。

10. **使用并观察肢体语言，注意非语言性的暗示**

对方嘴巴上说的话实际可能与非语言方面的表达互相矛盾，学习去解读情境。当我们在和人谈话的时候，即使我们还没开口，我们内心的感觉，就已经透过肢体语言清清楚楚地表现出来了。倾听者如果态度封闭或冷淡，说话者很自然地就会特别在意自己的一举一动，比较不愿意敞开心胸。

从另一方面来说，如果听话的人态度开放、很感兴趣，那就表示他愿意接纳对方，很想了解对方的想法，说话的人就会受到鼓舞。而这些肢体语言包括自然的微笑，不要交叉双臂，手不要放在脸上，身体稍微前倾，常常看对方的眼睛等。注意弦外之音，注意没有说出来的话、没有讨论的信息或观念以及答复不完全的问题。

11. **接受并提出回应**

要能确认自己所理解的是否就是对方所讲的。你必须重点复述对方所讲过的内容，以确认自己所理解的意思和对方一致，如“您刚才所讲的意思是不是指……”“我不知道我听得对不对，您的意思是……”

12. **暗中回顾，整理出重点，并提出自己的结论**

当我们和人谈话的时候，我们通常都会有几秒钟的时间，可以在心里回顾一下对方的话，整理出其中的重点所在。我们必须删去无关紧要的细节，把注意力集中在对方想说的重点和对方主要的想法上，并且在心中熟记这些重点和想法，在适当的情形下给对方以清晰的反馈。

总结分享篇

学以致用　解决问题

内容提要

本篇是对前三篇的总结分享，涉及人性、人格、五种类型的人的先天特质，行为细则、职业、生涯、职涯，以及五种动物特质人的职业规划、人际沟通、沟通技巧、沟通要点等方面基础理论知识和相关的训练活动。

学习目标

1. 熟悉五种类型的人的先天特质。
2. 熟悉五种动物特质人的职涯规划。
3. 熟悉五种动物特质人的沟通要点。

能力目标

1. 能够较好地掌握人性解析篇中的基本知识。
2. 能够较好地掌握职涯解析篇中的基本知识。
3. 能够较好地掌握沟通解析篇中的基本知识。
4. 能够准确地区分五种类型的人的先天特质。
5. 能够准确地区分五种动物特质人的职业特征。
6. 能够准确地运用不同的沟通方式。

思政目标

1. 培养学生善于总结归纳的意识。
2. 培养学生的团队精神和竞争意识。
3. 提高学生缘事析理、明辨是非的能力。
4. 提高学生分析问题、解决问题的能力。
5. 提高学生的活动组织、协调、配合能力。
6. 强化学生的主人翁意识，增强其使命感、责任感。
7. 培养学生积极的态度，以及自学、自省、自控的能力。
8. 培养学生诚实劳动、信守承诺、诚恳待人的意识。

任务一　角色扮演　分享成果

训练活动

一、老虎特质

人性特质	职业选择	职涯规划	沟通方式

二、蜜蜂特质

人性特质	职业选择	职涯规划	沟通方式

三、企鹅特质

人性特质	职业选择	职涯规划	沟通方式

四、海豚特质

人性特质	职业选择	职涯规划	沟通方式

五、八爪鱼特质

人性特质	职业选择	职涯规划	沟通方式

(1)某保健产品销售代表郭小晶下午三点去拜访客户林先生,假设林先生是海豚特质属性的人,请你结合所学,分析郭小晶应该选用哪种合适的沟通方式才能顺利签单。如果客户林先生是老虎特质的人,用同样的沟通方式能得到一样的结果吗?为什么?

(2)在一张图片上有一个西装革履的白领和一个土著。

①如果两个人在一个荒岛上,那么是土著更容易生存还是白领更容易生存,更困难的一方将如何脱险?

②如果在一个高楼林立的现代都市,那么是土著更容易生存还是白领更容易生存,更难生存的一方将如何脱困?

说明:站对位置,找准舞台,人人都是天才。

(3)在过去的学习和生活中,你遇到过哪些问题或矛盾可以用人格特质理论来解释,请分享一下。

任务二　生活案例　分析特质

一、生活案例

二、分析特质

实践训练篇

特质沙盘　沟通实务

内容提要

本篇主要是结合前三篇所学人性、人格、职业、五种动物特质的职业规划和人际沟通、五种动物特质的沟通要点等知识开展沙盘模拟训练活动，实现高效沟通的目的。

学习目标

1. 熟悉沟通的三层次、三原则。
2. 熟悉五种动物的沟通要点。
3. 熟悉沟通解析篇中的沟通技巧。

能力目标

1. 会运用所学知识解决面临的问题。
2. 能结合职业特征进行职涯规划。
3. 会灵活运用沟通技巧完成项目。

思政目标

1. 提升学生与人交流沟通的能力。
2. 树立团队精神，培养协作能力。
3. 遵守职业道德，公平公正处理问题。
4. 培养学生德育理念，树立正确的价值观。
5. 激发学生的学习兴趣，积极参与训练活动。
6. 提高学生自主学习和解决问题的能力。

任务一　认识沙盘　熟悉操作

一、游戏目标

你即将开始进行一项集角色扮演、沟通方法和沟通流程为一体的“高效沟通模拟桌游”。它是在先天特质沙盘基础上，灵活运用所学知识，在模拟实务沟通场景下，了解他人，达到高效沟通的目标。

二、模拟场景

在某一项目的招投标过程中，甲方为招标方，乙方为竞标方，双方沟通过程共分为会晤阶段、方案阶段和评审阶段，双方沟通顺利最终达成协议形成合作。

乙方需要在每一次沟通回合中充分了解甲方的个性特质，并根据该特质进行相应“听、说、问”的回应，以达到高效、顺利地沟通，同时，甲方应诚实地回答自己的个性特质，以便让乙方更快地了解和知晓，最终通过三个阶段的沟通后，得分最高的乙方将脱颖而出，赢得胜利。

任务二　沙盘项目　实践训练

一、先天特质沙盘桌游教具

教师准备一个先天特质沙盘盘面，一副知识卡片。

（一）先天特质沙盘盘面

先天特质沙盘盘面见图 5-2-1。

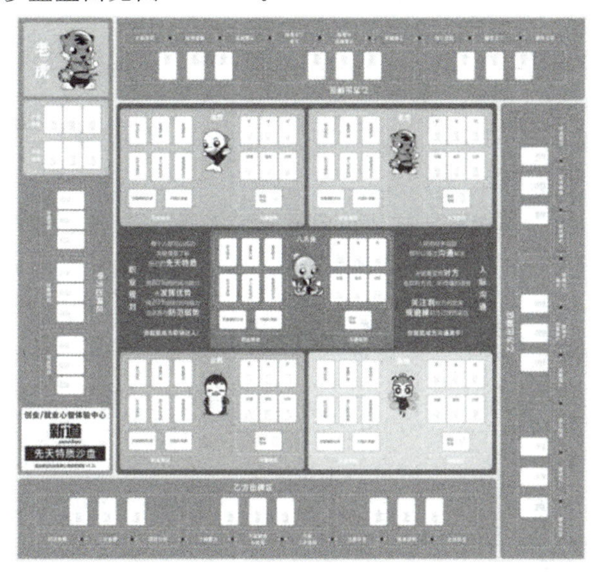

图 5-2-1　先天特质沙盘盘面

（二）知识卡片：共分为 4 类

(1)身份牌；

(2)动物属性牌；

(3)行为牌；

(4)个性特质牌(图 5-2-2)。

图 5-2-2　知识卡片

（三）沟通路径

盘面桌游区域属于沟通路径范围，是整个沟通游戏的场景流程。分为三部分：(1)会晤阶段；(2)方案阶段；(3)评审阶段。

这三个阶段为普遍事件沟通的流程，在学生对先天特质内容学习的基础上，通过沟通路径加深对学习内容的巩固。

第一阶段：会晤阶段。

在与陌生人初次见面时，运用先天特质的知识，来大概判断对方的动物属性。

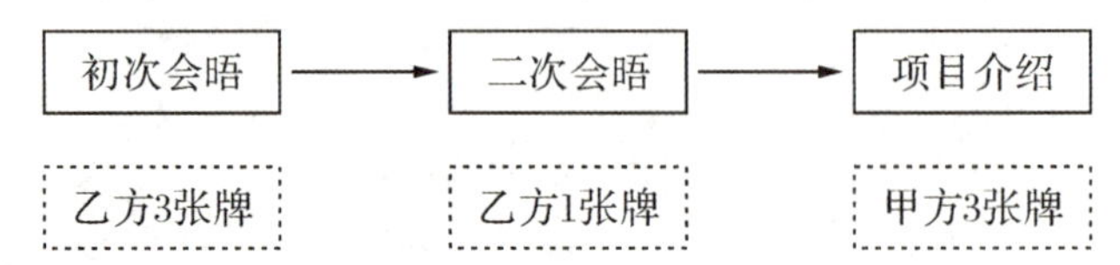

第二阶段：方案阶段。

考查学生能否在会晤阶段猜测出甲方动物属性，并学习如何在处理事件中提升自身的沟通能力。

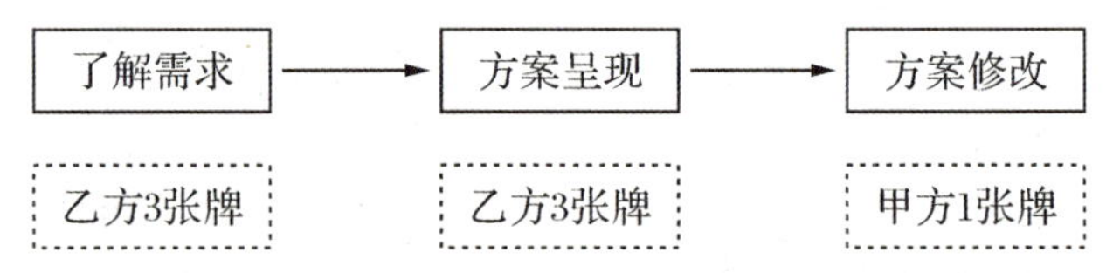

第三阶段：评审阶段。

考查学生在数轮沟通后，能否采取符合甲方动物特质需求和喜好的行为。

沟通路径是通用人际沟通流程，这是在学生对先天特质沙盘的学习基础上，对人际沟通流程的应用，学生不但要学习知识，并且要会应用先天特质。

（四）积分

在沟通游戏中，当乙方出的行为牌符合甲方的性格特质或者乙方的行为牌符合甲方打出的性格特质牌时即可得分，每符合 1 张得 1 分，每个阶段总分为 7 分。

如乙方会晤阶段有 7 张牌与甲方特质相符，即乙方得 7 分，若有 1 张不符，则扣掉 1 分。

二、先天特质沙盘桌游过程

(一)准备阶段

1. 决定身份

建议每一桌5人(或5的倍数)参与桌游,1名甲方,3名乙方,1名裁判,每人抽取身份牌并亮出,以示确定。

2. 确定动物属性

抽到"甲方"身份的学生将获得全部行为牌(即绿色背面)中的红色字体行为牌,并按照5种动物进行分类摆放。甲方随机抽取2种动物属性牌作为手牌(即拿在手里的牌),且保密自己所选取的属性,不得让乙方知晓。每个阶段,甲方都拥有两种动物属性。在第一阶段出牌时,甲方可自行决定自己的主属性牌,而在随后的两个阶段中,保持该主属性不变,而另一动物属性可在不同的阶段选择不同的动物属性(不能重复选择)。比如,甲方会晤阶段决定使用老虎、海豚沟通,可确定海豚作为主属性,老虎为副属性,那么在沟通的全部过程中,海豚属性保持不变,方案阶段和评审阶段副属性可从企鹅、蜜蜂、八爪鱼中进行选择。

3. 获得行为牌

将全部黑色字体的行为牌洗混,由3个乙方分别抽取,也可采用将全部行为牌平均分为3份的方式,分别由3个乙方获得,作为各自手牌。

小提示:拿到手牌后,乙方可以根据内容首先进行五种动物属性的分类,也可选择不分类。

4. 积分区

由裁判做对应公证,记录每个阶段和步骤的三个乙方得分情况,每完成一个阶段进行积分宣读,最后计算总得分。全部阶段完成后,得分高者为获胜方。

5. 桌游目标

复习巩固所学先天特质的内容所对应的行为细则、沟通细则等,同时将所学知识应用到沟通实务中去。

(二)开始阶段

(1)按照案例背景提示,此次甲方和乙方的沟通流程共分为会晤阶段、方案阶段和评审阶段,实现双方沟通顺利,最终达成协议,形成合作。

(2)进行桌游时,由甲方选取动物属性并开始,按逆时针方向以回合的方式进行。

(3)沟通路径在第一阶段为初次会晤—二次会晤—项目介绍。由乙方先开始，三个乙方同时打出3张行为牌，摆放到桌游区的会晤阶段。甲方从两种动物属性中随机打出3张甲方行为牌，与乙方进行初次会晤，即对比乙方是否符合（猜中）甲方的动物属性，全部符合记3分，每错一张扣1分；二次会晤时，由乙方先打出1张行为牌，甲方则需诚实对应1张该个性特质所属的行为牌进行回应，双方符合则记1分，不相符合则为0分；项目介绍时，由甲方首先出3张牌，乙方选取自己的行为牌与之对应，计分规则同上。

注：每一阶段，全部对应成功计7分，错1张减1分。

(4)每一阶段结束后，甲乙双方总共要出7张牌，甲方收回自己的行为牌；乙方则放弃已打出的7张行为牌。因此，乙方考虑对方主属性不变的情况，确保自己手牌中对应主属性的牌足够坚持到沟通过程的结束。

(5)沟通过程中，每一次出牌后，由裁判进行判定，甲乙双方是否彼此特质相互对应。

(6)沟通路径在第二阶段为了解需求—方案呈现—方案修改。由乙方开始，首先打出3张行为牌跟甲方进行了解需求的沟通，甲方则出具体个性特质所对应的行为牌来进行回应；方案呈现时，乙方先打出3张行为牌，甲方需打出3张该个性特质所对应的行为牌进行回应；方案修改时，由甲方首先出1张牌，乙方选取自己的行为牌与之对应，计分规则同上。

注：由裁判判定，双方是否符合彼此性格特质。

(7)沟通路径在第三阶段为方案评定—商务谈判—达成协议。由甲方开始，打出3张行为牌评定乙方的方案，乙方则打出相应的行为牌来进行回应，全部符合记3分，每错一张扣1分；商务谈判时，乙方打出3张行为牌，甲方需打出3张该个性特质所对应的行为牌进行回应；达成协议时，由甲方首先出1张牌，乙方选取自己的行为牌与之对应，计分规则同上。

注：由裁判判定，双方是否符合彼此性格特质。

(8)甲乙方出牌没有固定规则，但乙方需要注意甲方所出的个性特质牌，尽量做到使自己所有的手牌符合甲方的个性特质。

(9)只有乙方所出的行为牌符合甲方的性格特质才可以得分。乙方要学会判断甲方的主属性，尽量让主属性所对应的行为牌能够保留至游戏结束。

(10)当裁判判定第一名乙方后，第二名、第三名乙方出牌后不得修改，等待裁判进行判定，直至三名乙方都与甲方沟通完毕。

(11)注意：在这个阶段，考查学生在理解先天特质沙盘，掌握五种动物的个性特质、行为细则的基础上，在实践环节跟人的见面沟通方式，因甲方的动物属性牌隐藏，所以在初次沟通时不知道对方性格特征的情况下，用首轮的 3 张牌来推测甲方的动物属性，建议这 3 张牌不只局限于一种动物的行为。

(12)会晤阶段一共分为三轮，甲乙双方在此阶段一共打出 21 张牌。在出牌的时候，尽量参照沟通路径来打出自己的行为牌。

三、游戏结束

三个阶段全部完成之后，计算最后总得分，得分高者为获胜方。

附录

桌游小牌涉及的特质内容

桌游小牌涉及的人性特质内容如下所示。

1.说话时会联想与内容相关的各种可能性,观察、考虑得比较全面(八爪鱼)。

2.讨厌一成不变、钻牛角尖和缺乏新意(海豚)。

3.内敛稳重的性格是他人所不能及的(企鹅)。

4.语言和行为绝不能侵犯到他的尊严,喜欢主导事情的进程(老虎)。

5.了解事情具有广度,但在深度上比较缺乏。最好选一些感兴趣或擅长的领域让自己更专、更精(蜜蜂)。

6.若身为部属,会希望被充分的授权,没有太多限制或干扰地完成工作最舒适(老虎)。

7.评估各项风险时,要考虑到时效性,有时候机会不等人(蜜蜂)。

8.讲述一件事情时,言简意赅,直击重点,只说概要与主题,讲求速度和效率(老虎)。

9.会咨询多方意见,当得到大多数人认可时,内心最轻松(八爪鱼)。

10.执行任务时,喜欢温馨和谐、合作共事的团队氛围(企鹅)。

11.攻击性不强,对方让他不愉快,他可能会选择不再与对方说话或交往(海豚)。

12.倾听的内容希望有趣、好玩、完整,讨厌用专业术语和枯燥数据来表达(海豚)。

13.喜欢清晰明确、有迹可循的状态,充分了解环境后,与团队合作最有产能(八爪鱼)。

14.进入一个新环境时,能够立即融入环境与陌生人打成一片(海豚)。

15.非常重视自己,也很重视别人的外在形象(老虎)。

16.没有太多传统规则限制和约束,与朋友一起行动会更有产能(海豚)。

17.需要认同,害怕孤独,讨厌没有参与度(海豚)。

18.在陈述观点或倾听时,喜欢广泛地横向思考,找出自己与对方的交集(八爪鱼)。

19.希望听到问题的结论和结果,以及解决问题的方法(企鹅)。

20.说话会边说边联想,通过思考相关点进行表达(海豚)。

21.喜欢先评估风险，对于危机十分敏感，因此会帮助团队评估各项新方案的可行性（蜜蜂）。

22.喜欢默默地关心别人，处处为别人着想，不吝啬付出（蜜蜂）。

23.对别人侵犯或是进入自己的权限与领域时会不舒服，必要时会发动攻击（老虎）。

24.擅用幽默感和善解人意去影响别人、帮助别人，这项魅力是别人难以抗拒的（海豚）。

25.倾听别人的表述时，会用淡淡的表情或动作应答，给人温和、耐心和亲切的感觉（企鹅）。

26.在有条不紊的环境中工作较有产能，重视标准和程序，会用专业让工作达到完美状态（蜜蜂）。

27.以团队为导向，是个相当合群的人，会给团队注入稳定的力量（企鹅）。

28.喜欢与对方进行充分互动，不喜欢只听不说（海豚）。

29.追求完美，讨厌出错或面临尴尬，不喜欢在没有准备好的情况下表现自己（蜜蜂）。

30.听他人陈述时爱质疑，希望对方拿出证据和数据（蜜蜂）。

31.做事考虑长远，遇事以不变应万变、镇定自若（海豚）。

32.说话做事不啰嗦，积极果断，讲求速度，追求事实与效率（老虎）。

33.说话时不太容易专注，会天马行空地想象或不断地找话茬，善于与陌生人互动（海豚）。

34.说话围绕目标进行陈述，与目标无关的不会多说甚至不说（老虎）。

35.陈述时，会直接抓住问题的本质，说出结果，对方想知道原因时再做简单解释（老虎）。

36.做事情认真，表现出相当的专业性，因而也看重他人对事情的深度和专业性（蜜蜂）。

37.安全感对他是非常重要的，环境愈明朗愈自在（八爪鱼）。

38.在谈判或沟通中，会把握关键环节，能够帮助团队争取最大利益（八爪鱼）。

39.陈述时会边说边思考，以便找到更多、更丰富的内容进行阐述和回应（八爪鱼）。

40.说话时简单、直接，对目标非常执着，执行力强（老虎）。

41.有人做出伤害他的事，会收集所有的证据和处理方法，给对方致命的一击

(蜜蜂)。

42.执行任务时,喜欢欢乐有趣,一群人边做边玩的氛围(海豚)。

43.发生冲突或遇到问题不理解、无法解决时,会直接寻求帮助(企鹅)。

44.注重承诺,做事的质量和精确度完全值得信赖,因此做事情的态度会让人欣赏(蜜蜂)。

45.相同问题会听取多人的意见,综合平衡之后再做出自己的决定(八爪鱼)。

46.表达观点时,会在周延的考虑之后不断联想,并表达各种相关联的观点(八爪鱼)。

47.喜欢充分表达内心所想、喜欢分享,开心时会不自觉地给出别人建议(海豚)。

48.为配合环境,会随时调整状态,容易给人善变的印象,此时可适当稍做说明,让别人了解想法和调整的原因(八爪鱼)。

49.需要组织和别人的肯定与认可,组织应肯定其表现和用心,对其努力的过程要给予鼓励(蜜蜂)。

50.不会被轻易惹毛,但容易因累积过久的不满而一次爆发,难以收拾(企鹅)。

51.重视细节,追求完美,喜欢条理分明(蜜蜂)。

52.喜欢听表达丰富多彩,能够呈现出画面和图像的内容(海豚)。

53.进入一个新环境时,会想要完全掌控该环境(老虎)。

54.不喜欢冲突,面对不和谐的场面和突如其来的重大改变会不舒服(企鹅)。

55.喜欢用肯定、命令的语气,想要说服别人(老虎)。

56.非常尊重别人,也希望别人尊重自己,在被人尊重的环境下,会感到舒适,愿意全心付出(蜜蜂)。

51.说话时语气平和有耐心,待人亲切温和(企鹅)。

52.不会打断别人的讲话,会耐心倾听,轻轻回应或保持沉默(企鹅)。

53.习惯做例行性的事,要给予他充分的时间去酝酿计划,熟练后,会有持续性的高产能表现(企鹅)。

54.讨厌悲观、严肃或悲伤的气氛,不喜欢被孤立的感觉(海豚)。

55.执行任务时,喜欢数据、信息来源充足(八爪鱼)。

56.需要别人的关心,也能够从细节处关心别人(企鹅)。

57.常有新鲜的创意和想法,活跃团队气氛,可以为团队不断注入活力(海豚)。

58. 追求正确、完美，有时会过度吹毛求疵（蜜蜂）。

59. 表达时会深度思考，严谨、条理清晰，但有时会容易显得啰嗦（蜜蜂）。

60. 执行任务时，喜欢凡事都在掌控中，独立完成（老虎）。

61. 喜欢大家和气、融洽相处的氛围，能接纳不同类型、不同性格的人，是踏实稳重的人（企鹅）。

62. 乐于分享，因此与人交谈时容易忘了停下来询问对方是否听懂，要多学习倾听（海豚）。

63. 表述时，常常会引经据典，喜欢用科学依据和数字说话（蜜蜂）。

64. 环境不明朗的状况会感到不舒服，讨厌毫无头绪的情况下被迫自我分析（八爪鱼）。

65. 说话时，主动将问题思考完整后，再耐心、含蓄地表达，让人感到贴心（企鹅）。

66. 进入一个新环境时，会先观察环境的安全性再决定要不要融入（八爪鱼）。

67. 陈述某一事实时，会心平气和且不紧不慢（企鹅）。

68. 提问时，内心会有预设答案，若结果不符合其需求会变得没耐心，是糟糕的倾听者（老虎）。

69. 面对一个全新的环境，需要较长时间才能融入和适应（企鹅）。

70. 感觉到被环境或人们所喜欢的时候，是最舒适的状态（海豚）。

71. 要完成的事情具有挑战性时会做得很起劲，相信自己做得到（老虎）。

72. 喜欢新鲜、变化和刺激，追求快乐，能够将严肃的内容联想后，生动、浅显地表达出来（海豚）。

73. 讨厌没有根据的猜测、结论，对于夸夸其谈，爱讲大话的人没有好感（蜜蜂）。

74. 独立，不习惯依赖别人，有时会不在乎别人的想法，可能会伤害到别人而不自知（老虎）。

75. 喜欢听有趣的内容，不喜欢太严肃的内容和氛围，重视感觉（海豚）。

76. 喜欢有道理、有逻辑地讲话，重规则，希望他人说话能够讲理，以理服人（蜜蜂）。

77. 希望听到有凭据的引经据典的陈述和表达，关注谈话细节（蜜蜂）。

78. 在做一件事情时，喜欢有前例可参考，有充足的数据和讯息来源做支撑（八爪鱼）。

79. 说话时，会为陈述的观点提供充足的依据，不会讲无中生有、毫无根据的事情（蜜蜂）。

80. 不喜欢处理繁杂的事情，这方面要找人搭配、协助或多多学习、练习（老虎）。

81. 有时候可以让自己弹性大一点，尽量缩短自己面对改变所需要的时间（八爪鱼）。

82. 喜欢广泛地接触人、事物，也因此博学多闻、多才多艺，这一点会让许多人欣赏（八爪鱼）。

83. 勇往直前、不畏艰难、受挫力强的品质极具魅力（老虎）。

84. 比较感性，人越多越亢奋，乐于表达自己的看法（海豚）。

85. 讨厌做事没有章法、不做计划、不守规矩、不按计划行事（蜜蜂）。

86. 不喜欢第一个发言，同一个问题会询问许多人的意见，综合考虑后再做决策（八爪鱼）。

87. 执行任务时喜欢分工清楚、章法明确，重视标准作业流程（蜜蜂）。

88. 被安排任务时，要清楚对方的想法和底线，会整合资源，在规定期限内完成（八爪鱼）。

89. 讨厌被命令或指示，讨厌做事时不被充分授权、别人给予太多限制或干扰（老虎）。

90. 表情严肃，说话直接，因此不太注重（或易忽略）别人的感受，让他人一时难以招架（老虎）。

91. 尊重传统、等级和他人（企鹅）。

92. 交谈时聚焦内容主题，坦率、一针见血（老虎）。

93. 善于赞美和鼓励他人，描述时擅用想象，有感染力，能够吸引他人（海豚）。

94. 喜欢直接讲重点、执着于目标的达成，做事重视结果（老虎）。

95. 陈述时会三思而后行，习惯讲述事情的前因后果，逻辑清晰（蜜蜂）。

96. 待人亲切，不爱计较，为别人着想，配合度较高（企鹅）。

97. 喜欢探究细节和根源，容易对事情或观点提出质疑，爱追根究底（蜜蜂）。

98. 面对压力时，会采取模糊策略，以尽量不正面冲突为原则（八爪鱼）。

99. 对目标的执行力很让人敬佩，可以成为团队学习的对象（老虎）。

100. 担风险能力强，有时会忽略一些事前评估规划而造成一些成本损耗，建议有时适当放慢脚步（老虎）。

101. 乐于分享，待人热情、亲切（海豚）。

102. 因不善于拒绝别人，往往会占去较多时间，该拒绝时最好勇于说出口（蜜蜂）。

103. 讨厌因为缺少能力和准备，无法完成任务或快速解决问题（蜜蜂）。

104.喜欢听简单而又直接的表达、自信而权威的陈述(老虎)。

105.表达前会做好充足的准备,体现专业能力和态度(蜜蜂)。

106.表达或陈述时,会呈现极强的画面感,表现力强,词汇丰富(海豚)。

107.表达时不会有剧烈的情绪起伏(企鹅)。

108.和谐、温馨、融洽的环境会让他感到舒适(企鹅)。

109.陈述观点时,会讲出原因和理由,以确保观点正确而说服他人(蜜蜂)。

110.由于计划性强,对于突然改变既定的规则章程及运作流程会觉得很难接受(蜜蜂)。

111.不喜欢变化,讨厌朝令夕改,变来变去的计划或任务(企鹅)。

112.讨厌批判、攻击或争吵,对充斥着别人八卦及坏话的环境不适应(企鹅)。

113.回答问题时语言简短、不直接,善为别人着想,无攻击性(海豚)。

114.讨厌面对无前例可参考的状态和无数据源可支持的任务(八爪鱼)。

115.进入一个新环境时,会先了解该环境的各项规则(蜜蜂)。

116.说话时,会持续探询对方的看法和建议,不断修正问答方式,待人处事面面俱到(八爪鱼)。

117.说话做事干脆利落,不冗长,不喜欢拐弯抹角(老虎)。

118.讲话喜欢自由自在,不受约束,容易插话或打断别人讲话(老虎)。

119.喜欢稳定的环境,对人、对事有持续的耐心(企鹅)。

参考文献

[1]张潮,杨晓荣.自助与成长:大学生心理健康教育[M].2版.北京:教育科学出版社,2017.

[2]汤海滨,王克进.职业规划:理论、测评与分析[M].北京:清华大学出版社,2017.

[3]麻友平.人际沟通艺术[M].北京:人民邮电出版社,2012.

[4]端木弈祺,杨碧霞,郝勇.大学生职业发展与就业指导[M].北京:国防大学出版社,2017.

[5]张琳,李中斌,王杨.大学生职业生涯规划与就业指导[M].上海:上海交通大学出版社,2018.

[6]阳立新.大学生职业生涯规划与就业指导[M].镇江:江苏大学出版社,2018.

[7]崔炜,罗松远.大学生职业生涯规划[M].上海:上海交通大学出版社,2018.

[8]张普权.大学生职业生涯规划与就业指导[M].上海:上海交通大学出版社,2015.

[9]孙睿,侯存敏.大学生职业生涯规划与就业指导[M].北京:中国时代经济出版社,2013.

[10]武月刚.大学生职业生涯规划与就业指导[M].北京:航空工业出版社,2017.

[11]孙洪梅,刘志娟,邢国洁.护理礼仪与人际沟通[M].镇江:江苏大学出版社,2017.

[12]李文华,秦小旭.护理人际沟通[M].镇江:江苏大学出版社,2017.

[13]熊文华,周静.人际交往与沟通[M].苏州:苏州大学出版社,2010.

[14]张鑫.人际交往与沟通能力[M].成都:西南交通大学出版社,2011.

[15]刘兰明.安身立命之本:职业基本素养[M].北京:高等教育出版社,2015.

[16]石明罡,邱忠镇.青春理性成长:大学生心理健康教育[M].北京:首都师范大学出版社,2018.

[17]黄箫.职业生涯规划[M].长沙:湖南师范大学出版社,2015.

[18]刘永亮,卢文澈.职业生涯规划与就业指导[M].西安:西安交通大学出版社,2021.